딸은 엄마의 감정 쓰레기통이 아니다

가까울수록 상처를 주는
모녀관계 심리학

딸은 엄마의
감정 쓰레기통이
아니다

가야마 리카 지음 | 김경은 옮김

목구멍에 박힌 가시처럼,
엄마가 걸린다

미나는 30대의 사진작가다. 유명한 요리 연구가인 엄마는 그녀를 출산한 후, 일과 육아를 병행하는 '워킹맘'의 삶을 살았다. 엄마가 일하는 모습을 보여주면 딸이 자라서 어른으로서 홀로 서는 데 도움이 될 거라는 신념 때문이었다. 그러나 어린 미나는 엄마가 자신과 함께 더 많은 시간을 보내주기를 바랐다.

서로 사랑하지만 생각이 미묘하게 달랐던 모녀관계는 결국 딸의 인생에 어두운 그림자를 남겼으며, 딸이 인생의 중요한 결정을 할 때도 영향을 미쳤다. 구보 미스미의 소설 『애니버서리』의 내용이다.

밖에서 일하는 엄마가 딸에게 직업을 가지라고 하면, 딸은 엄마가 집에서 자신과 함께 있어주는 편이 좋다고 생각한다. 반대로 엄마가 딸에게 결혼 후에는 직장을 그만두라고 하면, 딸은 '왜 나의 사회생활을 응원해주지 않을까?'라며 억압받는다고 느낀다.

예전 같았으면 이 소설은 공감을 얻지 못했을 수도 있다. 유명한 요리 연구가였던 엄마 밑에서 풍족하게 자란 딸이 감사는 못할 망정 불만을 품는다며 비난받지 않았을까?

그러나 최근에는 학대나 폭력을 당하지 않았어도, 목구멍에 박힌 작은 가시처럼 엄마가 늘 걸린다고 고백하는 딸들이 많아졌다. 엄마에게 느끼는 이런 종류의 위화감을 '사랑', '감사'가 아니라 '미움', '분노' 등 부정적인 언어로 표현해도 된다고 자각하기 시작한 것이다. 사회도 점점 이런 딸들을 '은혜도 모르고 버릇없다'고 비난하지 않고, 모녀관계는 양쪽 모두의 문제임을 인정하는 분위기로 변해가고 있다.

사회학자 미나시타 기류는 복잡한 엄마와 딸 관계의 배경을 이렇게 분석했다.

"우리 사회는 여성에게 '자립해서 직업을 갖되, 가정은 소홀히 하지 말라'는 모순된 메시지를 전했다. 이런 사회적 메시지를 전하는 엄마는 딸에게 비합리적이고 정체를 알 수 없는 존재다."

이 책에는 딸에게 일방적인 복종을 강요하거나 딸을 폭력으로 지배하지는 않았지만, 딸의 자유롭고 독립적인 인생을 방해한 엄마들이 등장한다. 이와 함께 그런 엄마와의 관계에서 스트레스를 받은 딸들의 이야기를 다루었다.

엄마는 딸을 가장 가까운 친구 혹은 자신의 분신이라 여긴다. 또한 딸이 자신의 감정을 받아줘야 한다고 생각한 나머지, 딸에게 하고 싶은 말을 여과없이 쏟아낸다. 그러면 딸은 자라면서 점차 '내가 엄마의 감정 쓰레기통인가?'라고 느끼게 된다. 하지만 엄마와의 관계를 바꾸기는 생각처럼 쉽지 않다.

나는 딸들이 엄마와의 관계에서 받는 스트레스를 '모녀 스트레스'라고 이름 붙이고, 책을 통해 해결책을 모색했다. 그러나 딸에게 미묘한 스트레스를 준 엄마를 일방적으로 비판하는 것이 이 책의 목적은 아니다.

나는 이 책을 읽는 딸들에게 이렇게 이야기해주고 싶다.

"여러분은 자신도 모르는 사이에 엄마에게 스트레스를 계속 받고, 엄마를 미워한다는 죄책감에 괴로워했을 겁니다. 하지만 살아가면서 마주치는 다른 사람들과 마찬가지로 엄마도 엄연한 타인이라는 사실을 받아들이면, 마음이 한결 가벼워질 거예요.

거의 모든 인간관계는 스트레스를 동반합니다. 그러니 엄마라는 타인과의 관계에서 스트레스를 받는 것도 지극히 당연한 일입니다. 사실은 세상의 모든 딸들이 엄마로 인한 크고 작은 스트레스에 시달리고 있답니다. 그러니 엄마를 마냥 사랑하거나 존경하지 못한다고 해서 자책할 필요는 조금도 없습니다."

이 책이 어느새 훌쩍 커버린 딸들이 엄마와 함께 보낸 시간을 되돌아보는 계기가 되길 바란다.

가야마 리카

딸은 엄마의 감정 쓰레기통이 아니다

차례

Part 2
가까운 만큼
상처받기 쉬운 모녀관계 심리학

Chapter 4 | 애착
엄마와 거리를 두고 싶다면

Part 1
- - - - - - - - -

엄마에게
차마 꺼내지 못한 말

◇◇◇◇

Chapter 1

• 분노 •

내가 그때 어땠는지 알아?

"시험에서 90점을 맞았을 때,

다른 엄마들처럼 잘했다고 칭찬해줬으면 했어요.

결혼식 날도 베일이 비뚤어졌다고 지적하는 대신,

나를 축복해줬다면 얼마나 좋았을까요?"

입학시험을 앞둔 딸의 폭탄선언

"내가 알아서 할게!"

"상관하지 마!"

학창 시절, 엄마에게 이런 말을 한 적이 있는가? 물론 상황이나 뉘앙스는 모두 달랐을 것이다. "우산 갖고 가. 안 그러면 이따 집에 올 때 비 맞아"라는 엄마의 말에 무심코 "됐어. 신경 쓰지 마"라고 무심하게 대답하거나, 대학 입시를 앞두고 "이 대학은 어때? 아님 여기는?"이라고 권하는 엄마에게 "내가 알아서 한다고!"라고 버럭 소리를 질렀을 수도 있다.

어떤 경우였든 자신을 어린애 취급하는 엄마에게 잔소리 좀 그만하라며 목소리를 높인 경험은 누구에게나 있을 것이다.

나도 그랬다. 초등학생 때 홋카이도의 오타루에 살았는데, 근교 도시의 사립중학교에 지원서를 넣기로 했다. 왜 그랬는지 자세히는 기억이 나지 않지만, 사립중학교에 지원하려는 친구들의 엄마와 절친했던 우리 엄마의 뜻에 따라 그렇게 된 것 같다. 엄마들은 모이면 입시 정보를 교환하거나, 입학 후 아이의 생활에 대해 이런저런 이야기를 나누곤 했으니까.

6학년 1학기까지는 나도 엄마의 말을 순순히 따랐지만, 입시가 점점 다가오자 '평범한 집 자식인 내가 왜 굳이 부잣집 애들이나 가는 사립중학교에 가야 하지?' 하는 의문이 생겼다. 그래서 원서를 내기 직전, 사립중학교 입학시험을 안 보겠다고 폭탄선언을 했다.

담임 선생님은 놀라서 집에 전화를 걸었고, 예상대로 엄마는 "너, 그게 무슨 말이니? 친구들이랑 같이 열심히 준비했잖아"라며 다그쳤다. 하지만 나는 "그래, 맞아. 그런데 공립중학교에 가기로 마음을 바꿨어"라고 똑 부러지게 대답했다.

그로부터 40년이 지난 지금도 엄마는 "내가 그때 얼마나 놀랐었는지 몰라"라고 가끔 말하곤 한다. 당시의 일이 엄마에게는 꽤나 충격이었나 보다. 돌이켜보면 원서 접수를 코앞에 두고 내신 성적표 등 갖가지 자료를 준비해준 담임 선생님이나 온갖 정보를 모아준 엄마 친구들에게 죄송한 일이지만, 나는 거기까지 생각하지 못했다. 그때 내 머릿속엔 '내가 갈 중학교는 내가 정하고 싶다'는 생각만이 가득했다.

성인이 되어서도 나는 계속 엄마에게 "내 마음대로 하게 내버려둬", "알아서 할게"라는 말로 일관했다. 엄마도 처음에는 "이러면 어때?", "그건 안 돼!"라며 내 선택에 관여하려 했지만, 결국 "우리 딸은 아무리 말해도 엄마 말은 귓등으로도 안 들어"라며 포기를 선언했다.

이제 네가 엄마를 챙겨줄 차례야

나처럼 사춘기 시절부터 성인이 될 때까지 엄마에게 "내버려둬", "참견하지 마!"라고 말하던 딸에게도 변화가 찾아온다. 딸들 가운데는 자라면서 점점 자신의 미묘한 심경

변화를 깨닫거나 인생에서 큰 사건, 사고를 겪은 후 평소 갖고 있던 엄마에 대한 생각이 하루 아침에 바뀐 이들이 적지 않다. 2011년에 일어났던 동일본 대지진 역시 딸들의 마음에 변화를 가져왔다.

지진이 일어난 지 두 달쯤 지났을 무렵, 나를 찾아온 유리는 40대 초반의 싱글 여성이었다. 그녀가 쓴 문진표에는 '지진 이후로 잠을 이루지 못합니다'라고 쓰여 있었다. 유리의 본가는 도쿄에서 기차를 갈아타고 두 시간 정도 떨어진 곳이었다. 그녀는 회사가 있는 도쿄의 아파트에서 혼자 살고 있었다.

지진이 일어난 날, 시내 교통이 전부 마비되었다. 유리는 직장에서 집까지 꼬박 다섯 시간을 걸어왔다. 집으로 돌아오는 동안은 긴장해서 아무 생각도 나지 않았지만, 도착하고 보니 바다 근처에 있는 동네의 도로는 온통 침수되고, 둑은 모조리 무너져 있었다. 가스와 수도도 끊겨 주민들은 간신히 물이 나오는 공원 화장실을 이용해야 했다.

폐허가 되어버린 동네의 모습을 눈으로 직접 확인한 후, 그녀는 극심한 공포와 불안을 느꼈다고 한다.

딸은 엄마의 감정 쓰레기통이 아니다

"밤에도 여진이 멈추지 않았고, 화장실에 가려면 공용 화장실까지 깜깜한 길을 혼자 걸어가야 했어요."

유리는 그날 밤의 공포가 떠올랐는지 눈물을 글썽거리며 이야기했다.

처음에는 유리가 그날 밤의 공포를 기억에서 지우기 위해 병원을 찾은 줄 알았다. 지진이 남긴 트라우마 때문에 괴로웠겠다며 그녀를 위로했다. 그런데 유리의 이야기를 계속 듣다 보니 그건 나의 착각이었다.

"엄청난 재해를 당했으니 공포나 불안을 느끼는 건 당연하겠죠. 그보다 내가 충격을 받은 건요……"

유리의 얼굴이 점차 어두워졌다.

"엄마가 나를 전혀 걱정하지 않았다는 거예요."

그녀의 본가는 다행히 큰 피해를 입지 않았다. 그래서인지 지진이 일어난 날 밤, 부모님에게서 연락이 없었다고 한다.

"엄마는 평소에도 이것저것 참견을 많이 하는 편이에요. 그래서 지진 같은 큰일이 벌어지면 누구보다 먼저 전화할 줄 알았죠. 통화가 안 되면 문자 메시지를 보내거나 차를 타고 나를 데리러 올 거라고 생각했어요. 엄마는 항상 무슨 일이 생기면 곧장 집으로 오라고 신신당부했었거든요."

그러나 예상과 달리 엄마는 유리에게 연락조차 하지 않았고, 유리가 먼저 전화를 걸었더니 수화기 너머로 태평한 목소리가 들렸다.

"우리 딸, 괜찮지? 여기는 접시만 몇 장 깨졌어. 엄마가 어제부터 허리가 아파서 그러는데, 다음에 오면 접시 정리 좀 해줄래?"

지금 당장 데리러 오겠다는 말은커녕 다음에 오면 접시 정리를 해달라니. 유리는 화를 억누르며 "여기는 도로도 엉망이고 물도 안 나와서 화장실도 못 가"라고 했더니, 엄마는 "쓰나미가 덮친 것도 아닌데 뭐. 곧 복구되겠지"라고 대답할 뿐, 조금도 그녀를 걱정해주지 않았다. 오히려 "엄마는 허리가 아파서⋯⋯. 네 일은 네가 알아서 해야지. 엄마도 이제 늙었어"라며 냉정하게 말했다.

유리는 참을 수 없을 정도로 분노가 치밀어 오른다며 상기된 얼굴로 이야기를 이어갔다. 목소리 톤도 훨씬 높아졌다.

딸은 엄마의 감정 쓰레기통이 아니다

"엄마는 평소엔 이래라저래라 간섭하면서 왜 이럴 때만 어른이니까 알아서 하라고 할까요? 어릴 때부터 나를 과잉보호했으면 지금도 변함없이 나를 돌봐주어야 하지 않나요? 이제 와서 본인이 나이 들었다고 피해버리다니, 정말 너무하지 않아요?"

유리는 성인이 된 딸을 평소에는 어린애 취급하면서 중요할 때만 "넌 어른이잖아"라며 외면하는 엄마의 모습을 납득할 수 없었다. 자신을 지배하듯 작은 일에도 사사건건 개입하는 엄마에게 불만을 터뜨리면서도, 엄마의 요구에 따르는 생활이 어느새 편하게 느껴졌을지도 모른다. 엄마의 지배적인 행동에 불만을 느끼면서도 자신을 챙겨주는 엄마의 모습을 당연하게 생각해왔던 것이다.

하지만 지진으로 인해 그녀가 생각해왔던 모녀관계의 실상이 드러났다. 엄마는 "이제 나도 늙었으니, 네가 날 챙겨줘야지"라고 했다. 엄마의 지나친 간섭에 불만을 토로하면서도 "지금 데리러 갈게. 집에 오면 아무 걱정 없이 잠들 수 있을 거야. 엄마가 맛있는 집밥도 해줄게"라며 도와주기를 기대했는데, 엄마는 갑자기 "그런 관계는 이제 그만.

이젠 네가 나를 도와줄 차례야"라고 선언한 것이다.

엄마는 일방적으로 그렇게 말했지만, 유리는 지금까지 엄마와의 관계를 바꿀 마음의 준비가 되어 있지 않았다. 만약 엄마가 앞으로 딸이 자신을 돌봐주기를 바란다면 지금까지 지배하고 개입했던 일들에 대해 딸에게 미안하다고 사과해야 마땅했다. 그런 말도 없이 "오늘부터 네가 엄마를 챙겨줘"라니. 유리가 느낀 분노의 밑바닥에는 이런 당황스럽고 불편한 감정이 있었다.

물론 유리는 성인이 되어 충분히 이제 자신의 일을 알아서 할 수 있는 나이가 됐고, 엄마는 하루가 다르게 나이 들어가고 있다. 객관적으로 생각했을 때 어쩌면 딸이 엄마에게 달려가는 편이 더 자연스러울지도 모른다.

하지만 유리와 엄마는 지금까지 일반적인 상식과는 다른 관계를 형성하고 지내왔다. 엄마는 항상 딸을 보살피고 딸의 생활이나 인간관계, 심지어 입는 옷까지 참견하거나 준비해주었다. 유리는 '엄마가 그만 간섭했으면 좋겠다'라고 생각했지만, 한편으로는 이대로가 편하다며 엄마의 간섭을 순순히 받아들였다. 그러다 시간이 흘렀고, 정신을

딸은 엄마의 감정 쓰레기통이 아니다

차려 보니 어느덧 본인은 성인이, 엄마는 노인이 된 것이다.

외출할 때 밥값을 내거나 교통비를 내는 쪽도 항상 엄마였다. 그것이 두 사람 사이의 암묵적인 규칙이었다. 유리도 돈을 낼 정도의 경제력은 있었지만, 어릴 때부터 쭉 그래왔기 때문에 돈을 내는 쪽은 엄마라는 규칙에 모녀 모두 아무런 의문도 갖지 않았다고 한다.

물론 유리도 자신이 더 이상 어린아이가 아니라고 생각하며, 엄마 역시 그 사실을 안다. 하지만 두 사람 모두 관계를 바꿀 마음의 준비가 되어 있지 않았다. 어쩌면 무의식적으로 그것을 피해왔을지도 모른다. 그러던 어느 날, 엄마가 "이제부터 네가 나를 챙겨줘"라고 선언한 것이다. 유리는 심리적으로나 현실적으로나 이 상황을 쉽게 받아들일 수가 없었다.

대지진이 건물과 도로만 망가뜨린 게 아니라 한 모녀의 관계까지 송두리째 흔들어놓은 것이다.

좀 더 가까운 곳에 떨어져 있어줘

만약 유리의 바람대로 엄마가 여진의 공포에 떨고 있는 그녀를 찾아와 본가로 데리고 갔다면 어떻게 되었을까? 그랬다 해도 그녀가 "고마워요. 역시 엄마밖에 없어"라고 엄마와의 관계에 만족감을 느끼는 기간은 몇 주, 아니 며칠뿐일 것이다. 마음의 안정을 되찾으면 유리는 이내 엄마의 관심을 지겨워하며 "신경 쓰지 마!"라고 말했을 것이다.

딸은 엄마에게 "내 마음대로 할 거야"라는 말을 던지면서도 한편으로는 엄마가 자신을 더 챙겨주고 신경써주기를 바란다. 그리고 자신의 모순된 마음을 어떻게 해결해야 할지 갈피를 잡지 못한다.

이런 태도는 '경계성 성격장애Borderline personality disorder'를 가진 사람들이 대인관계에서 자주 보이는 태도와 비슷하다. 경계성 성격장애란, 정서가 불안하고 충동적이며 우울과 불안을 자주 느끼는 성격장애를 말한다. 이런 사람들은 '나는 누구인가?'라는 물음에 답을 내지 못하고 불안한 정서를 모두 주위 사람이나 현상 탓으로 돌린다.

딸은 엄마의 감정 쓰레기통이 아니다

딸은 "내 마음대로 할 거야"라는 말을 던지면서도
한편으로는 엄마가 자신을 더 챙겨주고
신경써주기를 바란다.

그래서 그들은 특정 인물에게 자신을 버리지 말라며 의존하고 매달리는 강한 집착을 보이는 한편, 상대에게 모든 것을 빼앗기고 자신은 빈껍데기가 될지도 모른다는 공포를 느낀다. 이것을 '버림받는다는 불안' 혹은 '남에게 휘둘릴지도 모른다는 공포'라고 부르는데, 경계성 성격장애를 가진 사람들은 이 양극단의 심리를 동시에 느낀다.

좀 더 가까운 곳에 떨어져 있어줘.

경계성 성격 장애를 가진 가족을 둔 사람들을 위해 쓴 책에 나오는 구절이다. 이 구절은 경계성 성격장애를 가진 사람들의 심경을 단적으로 보여준다.

사춘기를 지나 어엿한 성인이 되어도 자신을 과잉보호하는 엄마에게 지친 딸이 "이제 엄마 얼굴 보는 것도 지긋지긋해. 난 자유롭게 살 거야!"라며 집을 뛰쳐나가는 경우가 있다. 이 경우, 딸을 끝까지 통제하려는 엄마도 많지만 "네가 그렇게까지 한다면 어쩔 수 없지"라며 딸과 연락을 끊는 엄마들도 많다.

그러면 이번에는 딸 쪽에서 몇 년 전에 빌려간 가방을 돌려달라는 등 핑곗거리를 만들어서 엄마에게 손을 내민다. 결혼해서 아이를 낳은 후 "아무리 그래도 손주인데, 할머니가 좀 돌봐주면 안 돼?"라며 접근해오는 딸도 있다. 하지만 그럴 때도 딸들은 "엄마랑 다시 가깝게 지내고 싶어"라고 하는 대신 이렇게 말한다.

"엄마 얼굴은 여전히 보고 싶지 않아. 그 가방이 필요할 뿐이야."

"엄마랑 가까이 살고 싶어서 그런 건 아니야. 그래도 손주는 봐줄 수 있잖아?"

이것은 의심의 여지없이 '좀 더 가까운 곳에 떨어져 있어줘'라는 심경에서 비롯된 행동이다. '좀 더 가까운 곳에'라는 부분을 본인도 인정하고 싶지 않기 때문에 마음속에 교묘하게 숨긴다. 그래서 "가방 돌려줘", "집에 두고 온 구두가 필요해"라는 이유를 대며 스스로 합리화하는 것이다.

마흔이 넘어서야 깨달은 눈물의 의미

유리는 대지진 당시 엄마가 자신을 찾아오지 않자, 엄마를 향한 '분노'를 강하게 느꼈다. 유리처럼 분노라는 감정을 처음에는 잘 몰랐다가 어떤 사건을 계기로 느끼게 되거나, 자신이 화가 나 있었다는 사실을 뒤늦게 깨닫는 딸들도 많다.

깨달음의 계기가 되는 사건은 사람마다 다르다. 엄마와의 직접적인 일이 계기가 되는 경우도 있고, 유리의 경우처럼 엄마와는 관계없는 대지진 같은 사건을 통해 자신의 감정을 자각하는 경우도 있다.

세 아이의 엄마이자 전업주부인 료코는, 본인이 엄마에게 분노를 갖고 있다는 사실을 전혀 몰랐던 여성이다. 그녀는 가만히 있어도 눈물이 나고, 마음이 자꾸만 조급해진다며 나를 찾아왔다.

료코는 세 아이의 엄마다. 막내가 중학교에 입학하자, 시간적 여유가 생긴 그녀는 일을 해볼 생각으로 컴퓨터 학원에 다녔다. 친구들은 "이제 와서 공부에 취업까지? 어렵지

딸은 엄마의 감정 쓰레기통이 아니다

않을까? 넌 남편이 잘 버니까 힘들게 일할 필요 없잖아"라며 그녀를 부러워할 뿐, 일을 하고 싶은 그녀의 마음은 아무도 이해해주지 않았다.

작은 무역회사를 운영하는 료코의 남편은 최근에 한국에서 수입한 화장품이 큰 인기를 얻어, 집에 올 시간도 없을 정도로 매우 바쁘다고 했다. 그런데 남편이 집에 발길이 뜸했던 이유가 단순히 일이 바빠서만은 아니었다. 료코는 뜸을 들이다 남편이 출장을 다니다가 만난 여성과 바람이 났다고 했다.

"남편이 그 여자한테 결혼은 했지만 별거 중이라고 거짓말을 한 모양이에요. 어느 날 남편이 없을 때 집으로 전화가 와서 누구냐고 묻기에 제가 아내라고 했더니, 그 여자는 놀라서 울더라고요. 순간 '여자가 있구나' 하는 직감이 들었어요."

료코는 눈물을 뚝뚝 흘리며 이야기를 이어나갔고, 나는 증상의 원인이 남편의 외도일 거라 짐작했다. "그렇군요. 그럼 일단 남편과의 관계를 회복해야 하지 않을까요?"라고 하자, 의외의 답변이 돌아왔다.

"그게…… 남편은 바람피운 것을 인정하고, 그 여자와는 절대 연락하지 않겠다고 싹싹 빌었어요."

"그래도 여전히 남편을 믿지 못해서 눈물이 계속 나는 거군요?"

"아니요, 이제 남편을 믿기로 했어요. 하지만……."

그럼 료코의 정서불안에 다른 이유가 있다는 말일까? 당시로서는 그 원인이 무엇인지 료코도 나도 전혀 알지 못했다.

료코는 남편의 사과를 받았지만, 그 후로 조금이라도 남편이 늦게 들어오면 심장이 쿵쾅거리고, '또 다른 여자를 만나러 간 건 아닐까?' 하는 생각이 머릿속을 맴돌아 하루하루를 가슴 졸이며 보냈다. 이 이야기를 하는 동안 료코는 문득 "어릴 적에도 비슷한 기분을 느꼈던 것 같아요"라는 말을 했다. 그리고 점차 그녀의 관심은 이런 감정을 처음 느꼈던 날의 기억으로 옮겨갔다.

딸은 엄마의 감정 쓰레기통이 아니다

"네가 잘못했네"라던 엄마의 목소리

어느 날, 진료실에 온 료코는 의자에 앉자마자 흥분한 말투로 이야기했다.

"선생님, 저 기억났어요! 전에도 이렇게 심장이 사정없이 쿵쾅거렸던 적이 있어요."

그녀는 떨리는 목소리로, 그러나 침착하게 이야기를 이어나갔다.

어릴 적 모범생이었던 그녀는 학교 성적도 좋았고, 반에서는 항상 반장을 도맡았다. 그런데 초등학교 고학년이 되자 친구들이 그녀를 따돌리기 시작했다. "잘났어 정말, 그만 좀 나대!"라고 그녀 얼굴에 대고 말하는 아이도 있었다.

'수업 시간에 발표하거나 반장 선거에 나가는 게 잘못인가?' 하고 혼자 끙끙 앓던 료코는 담임 선생님에게 도움을 요청했다. 하지만 담임 선생님은 료코를 따돌린 친구들과 직접 이야기하는 대신, 료코의 엄마를 학교에 불렀다.

료코는 왜 친구들이 아닌 엄마를 부르는지 의아하게 생각했지만, 담임 선생님의 말에 따를 수밖에 없었다. 집에서도 말 잘 듣는 아이였던 그녀는 엄마가 "료코가 따돌림을 당하다니, 말도 안 돼요"라고 담임 선생님에게 이야기해줄 거라 기대했다.

그런데 다음 날, 담임 선생님과 면담을 하고 온 엄마는 집에 돌아오자마자 료코에게 이렇게 말했다.

"너, 학교에서 아무 일에나 주제넘게 나서고 친구들이랑도 잘 못 어울린다며? 엄마도 네가 그런 것 같아서 걱정했는데……. 도대체 누구를 닮아서 그러니? 네 오빠가 너만 할 때는 그런 걱정 조금도 안 했는데."

료코는 자신을 감싸주지 않고, 오히려 따돌림 받는 원인이 자신에게 있다며 비난하는 엄마에게 큰 충격을 받았다.

"나는 엄마를 위해 밝고, 적극적이고, 착실하게 생활했어요. 내 생각을 확실히 표현하고, 어떤 일이든 1등을 목표로 삼기를 바란 사람도 엄마였고요. 그런데 엄마한테 아무 일에나 나선다느니, 누구를 닮았느니 하는 말을 들으니 배신당한 기분이 들었어요."

그녀는 남편이 바람피운 사실을 알았을 때, 어디선가 "네가 잘못했네"라는 목소리가 들리는 것 같았다고 했다.

딸은 엄마의 감정 쓰레기통이 아니다

그 목소리는 초등학생 때 들은 엄마의 목소리였다.

'엄마를 향한 분노'를 알아채기 시작한 료코는 엄마가 던진 가슴 아픈 말들을 계속해서 떠올렸다. 그 말들은 료코가 오랜 시간 동안 가슴에 묻어둔 상처였다.

"중학교 때 영어 말하기 대회가 있었어요. 고등학생이 주로 참가하는 대회에 중학생은 나 혼자였죠. 다들 나를 칭찬해줬는데, 엄마만은 그러지 않았어요. 내가 한 실수를 가지고 트집을 잡으면서 '너무 창피하더라'라고 하더라고요. 다른 사람들은 아무도 눈치채지 못했을 만큼 사소한 실수였는데 말이에요.

그뿐만이 아니에요. 엄마는 나와 여동생을 전혀 다르게 대해요. 동생은 자기주장이 강해서 엄마가 안절부절못해요. 동생은 고등학교 때 학교를 그만두네 마네 하며 소동을 벌이다 겨우 졸업해서 전문대에 갔어요. 나한테는 대학을 갈 거면 꼭 4년제를 가라고 했으면서 동생한테는 고등학교를 그만두지 않고 전문대라도 가서 대단하다는 둥, 다시 봤다는 둥 하더군요.

그것만으로는 성에 안 찼는지 나한테도 동생을 칭찬해주라고 들볶았어요. 나는 뭘 해도 칭찬 한 번 못 받았는데, 내가 왜 동생이 고등학교를 졸업한 걸 가지고 칭찬해야 하나요?"

과거의 기억을 떠올리는 동안 료코는 심한 불면증에 시달렸다. 엄마가 한 말이 계속 뇌리에 맴돌아 '그때 이렇게 받아칠걸' 하고 생각하다 결국 잠을 이루지 못했다고 한다.

"남편은 료코 씨의 마음을 이해해주나요?"라고 물었더니, 그녀는 쓴웃음을 지었다.

"남편한테 이야기했는데, 믿지 않더라고요. 시어머니는 아들바라기여서 남편과 시동생이 최고인 줄 알아요. 내 앞에서 '넌 내 아들처럼 착한 남자랑 결혼해서 좋겠다'라고 말할 정도라니까요. 엄마가 자식을 사랑하지도, 인정하지도 않았다는 사실을 남편은 상상도 못하더군요."

료코의 말대로 그녀의 엄마는 정말 딸을 사랑하지 않았을까? 그럴 리는 없다. 나는 그녀에게 "엄마도 료코 씨가 없는 곳에서 딸 자랑을 했을 거예요"라고 했다. 기대치가 높은 딸이라 더 엄하게 대하면서도, 딸이 없는 곳에서는

딸은 엄마의 감정 쓰레기통이 아니다

딸을 자랑했을 수 있다고 생각했기 때문이다.

그러자 그녀는 잠시 고민하더니 이렇게 말했다.

"엄마는 허풍이 심한 편이라서 남들에게는 내가 대회에서 이렇게 했다, 이런 대학교에 갔다, 이런 남자와 결혼했다 등등 자랑을 늘어놓았을 거예요. 하지만 진심으로 나를 자랑스럽게 생각해서 그런 건 아닐걸요? 나를 통해 엄마 자신이 돋보이고 싶었던 거죠. 나는 이용당했을 뿐이라고요."

시어머니는 애정이 넘쳐 아들 자랑을 하지만, 그녀의 엄마는 어디까지나 허영심 때문에 딸 자랑을 한다는 게 그녀의 주장이다. 그러나 이런 생각은 료코의 주관적이고 일방적인 판단이 아닐까?

모녀관계에서는 자신이 겪은 일이 무조건 진실이라고 주장하는 경우가 많다. 왜 모녀관계는 객관적으로 판단하기가 어려울까?

칭찬받지 못한 어린 시절의 나

사실 엄마에게 칭찬받은 적이 없다고 토로하는 여성은 료코 외에도 매우 많다. 대부분 모범생처럼 착하고 성실했지만, 엄마가 한 번도 칭찬해준 적이 없다는 것이다.

'칭찬받지 못한 모범생' 중 한 명인 소라의 이야기를 소개하겠다.

"이웃 중에 '유미'라는 친구가 있었어요. 아빠는 트럭 운전기사였고 엄마는 슈퍼마켓에서 아르바이트를 했는데, 이렇게 말하면 좀 그렇지만 가정 형편은 우리 집에 비해 좋지 못했어요. 유미는 발레를 좋아해서 나랑 같은 발레 학원에 다녔어요. 유미는 특별히 발레에 재능이 있지도 않고, 실력도 나와 비슷했어요.

그런데 발레 발표회 날, 유미는 말 그대로 '슈퍼스타'가 됐어요. 유미네 부모님뿐 아니라 할아버지, 할머니, 이모, 삼촌 등 온 가족이 총출동했더라고요. 대규모 응원단 같은 느낌이었어요. 유미가 주인공 역할도 아니었는데 말이에요. 유미네 가족 응원단은 유미가 등장하면 '와아!' 하

딸은 엄마의 감정 쓰레기통이 아니다

고 함성을 질렀어요. 무대 위에서도 응원하는 소리를 또렷하게 들을 수 있을 정도로 떠들썩했죠. 그에 비해 우리 가족 중에서는 부모님과 언니만 왔고, 어디에 앉아 있는지도 모를 정도로 조용했어요.

발표회가 끝난 후에도 분위기가 완전히 달랐어요. 유미는 식구들에게 둘러싸여 연신 잘했다, 예쁘다며 칭찬을 받았죠. 칭찬하는 가족들의 중심에는 항상 유미의 엄마가 있었어요. 반면 우리 가족은 내가 주인공도 아니라며 아무도 칭찬해주지 않았어요. 엄마는 '이번 발표회는 좀 시시하네', '주인공 맡은 애는 작년에 비해서 별로 발전이 없더라' 등 나와는 관계없는 비판만 늘어놨죠. 엄마는 발레 관람이 취미여서 보는 눈이 높았거든요.

무대가 끝난 직후에는 무척 뿌듯했는데, 엄마가 그렇게 말하니 기운이 쭉 빠지더라고요. 식구들에게 사랑받는 유미가 부러웠어요. 부모라면 자식이 기대한 만큼 못하더라도 칭찬해줘야 하지 않나요?"

마치 어제의 일을 이야기하듯 얼굴을 붉히는 그녀에게

"그 후로 유미는 어떻게 되었나요? 계속 발레를 했나요?"

라고 묻자, 뜻밖의 대답이 돌아왔다.

"그게…… 유미 아버지가 회사에서 해고당하고 나서 식구들 모두 마을을 떠나버렸어요."

당연히 발레 학원도 그만두었다고 한다.

소라는 발레 발표회에서 유미의 엄마를 보고 '저것이 바로 엄마다운 태도'라고 생각했다. 하지만 결과적으로 발레를 계속한 사람은 자신이었고, 유미는 도중에 발레를 그만두어야 했다. 객관적으로 생각하면 좋아하는 발레를 계속시켜준 것도 애정의 표현이 아니었을까?

소라와 반대로 유미는 '내가 좋아하는 발레도 그만두게 하고. 부모님은 나를 사랑하지 않나 봐'라고 생각했을지도 모른다. 소라는 그런 상상은 전혀 하지 못하고, 유미가 자신보다 더 많이 사랑받았다고 생각했다.

이 모녀관계에서도 객관성이 떨어진다는 특징이 드러난다. 이것은 비단 딸이 엄마와의 관계를 떠올릴 경우에만 해당되는 문제는 아니다. 엄마에게도 사정이 있겠지만, 우선은 딸 입장에서 본 엄마와의 관계를 계속 이야기해보자. 소라처럼 주변에 비교 대상이 있는 경우, 엄마가 했던 말이

나 행동이 기억에 더 강하게 남거나 왜곡되기 쉽다.

언니 대신 나에게만 부탁하는 엄마

광고회사에서 근무하는 하나는 항상 언니와 비교당했다. 경제적으로도 독립했고, 능력이 출중한 그녀는 누구에게도 열등감을 가질 필요가 없어 보였다.

그런데 나를 찾아온 하나는 언니와 자신을 대하는 엄마의 태도가 완전히 딴판이라고 말했다. 하나의 언니는 결혼해서 아이 둘을 키우는 주부다.

"언니는 자신감이 충만해서 엄마도 좀 조심스럽게 대해요. 엄마가 뭘 부탁하면, 언니는 '그날 애들 스케줄이 있어서 안 돼'라고 단칼에 거절해요. 아무런 설명도 하려고 하지 않아요. 그러다 보니 엄마는 점점 언니에게는 아무것도 요구하지 않더라고요.

반대로 엄마는 나한테 뭐든지 부탁해요. 스마트폰 사용법을 알려달라, 회사 근처 가게에서 뭘 사 와라 등등 종류도 다양하죠. 일하느라 정신없이 바빠서 가끔 거절하면

'왜 안 돼? 무슨 일 있어?'라고 꼬치꼬치 캐물어요. 그럴 때마다 '내일 프레젠테이션이 있어서 준비해야 돼'라고 일일이 이유까지 설명하기가 너무 귀찮고, 간섭받는 기분이 들어요. 이유가 없어도 안 하고 싶을 때가 있잖아요? 안 된다고 딱 잘라 거절하고 그 이상 간섭받지 않는 언니가 정말 부러워요."

다른 시각으로 보면 그만큼 엄마는 둘째 딸인 그녀를 더 편하게 생각하는 것 같다. 어쩌면 언니는 언니대로 '엄마는 동생과는 가깝게 지내는데 왜 나한테는 데면데면하지?'라고 생각하며 엄마에게 섭섭해할지도 모른다.

하나는 "언니는 이유도 말하지 않고 거절하는데 나만 간섭받는다"라고 했지만, 그것이 사실인지 아닌지도 알 수 없다. 어쩌다 한 번 그럴 때가 있었을 뿐, 다른 날에는 엄마도 언니에게 "왜 안 돼? 좀 해주면 안 될까?"라며 이것저것 부탁했을 수도 있다. 그런데 평소에는 이성적인 하나도 막상 본인과 엄마의 문제는 다른 각도에서 보거나 엄마의 입장을 이해하려고 하지 않고, 엄마가 자신에게만 부탁하고 간섭한다고 느끼는 것이다.

딸은 엄마의 감정 쓰레기통이 아니다

"엄마는 나한테 뭐든지 부탁만 해요."

이렇게 한쪽으로 치우친 판단을 하거나 객관성을 잃는 일은 정서적으로 가까운 관계에서 자주 일어난다. 자신과 별로 상관없는 사람이 "분위기가 좀 성숙해졌네요?"라고 하면 "그래요? 고맙습니다"라고 대답할 뿐 깊게 생각하지는 않는다. 하지만, 라이벌 혹은 짝사랑하는 상대 등 신경 쓰이는 사람이 같은 말을 하면 '무슨 뜻이지? 늙어 보인다는 말인가? 이제 훅 갔다는 뜻인가?'라고 그 속뜻을 궁금해하게 된다.

엄마와 딸 사이에서 객관적인 시각을 유지하기란 불가능에 가깝다. 하지만 모녀 사이는 금세 극단적으로 치우칠 수 있다는 사실을 기억해두는 것만으로도 모녀 스트레스를 다스리는 데 도움이 될 것이다.

평범한 엄마도 때론 상처를 준다

학교에서 따돌림 당한다는 이야기를 듣고 "네가 잘못했네"라던 엄마의 말이 신경이 쓰인다던 료코의 이야기로 돌아가보자. 그녀는 "나를 감싸주는 대신, 심하게 화를 냈어

딸은 엄마의 감정 쓰레기통이 아니다

요", "다른 사람 앞에서 '넌 정말 안 되겠다'며 면박을 줬어요" 등 엄마에게 상처받은 말과 행동을 떠올리고는 바로 어제 일처럼 얼굴을 붉히며 흥분한 말투로 말했다.

그런데 료코와 수 차례 대화를 나누는 동안 분위기가 바뀌었다. 료코는 엄마의 말과 행동을 늘어놓기보다 "왜 그렇게 해주지 않았을까요? 그렇게 해주었으면 좋았을 텐데……"라고 엄마에게 바랐던 것들을 말하기 시작했다.

"시험에서 90점을 받았을 때, 다른 엄마들처럼 잘했다고 칭찬해줬으면 했어요. 결혼식 날도 베일이 비뚤어졌다고 지적하는 대신 나를 축복해주길 바랐죠. 아이를 낳았을 때도 보통의 할머니들처럼 마냥 기뻐해줬다면 얼마나 좋았을까요?"

"그렇군요. 엄마가 무조건 잘했다, 기특하다고 칭찬하고 기뻐해주길 바랐군요."

내가 말하자, 료코의 눈에서 눈물이 뚝뚝 떨어졌다.

"나도 착한 딸이고 싶었어요. 엄마에게 자랑스러운 딸이 되려고 애썼는데, 엄마는 날 무시했어요."

나는 료코의 엄마가 된 것처럼 말했다.

"료코 씨는 엄마에게 충분히 자랑스러운 딸이에요. 분명 주위 사람들도 엄마를 부러워했을 거예요. 하지만 엄마는 그런 상황에 익숙해져서 딸이 착하게 행동하는 건 당연한 일이라고 생각하고, 그때마다 칭찬해주지 못했을 뿐이에요. 엄마가 료코 씨에게 불만이 많았다면, 곧바로 료코 씨에게 이래라저래라 했겠지요. 하지만 그러지 않고 사소한 일로 트집을 잡았다는 건 실제로는 거의 만족했다는 뜻 아닐까요?"

의사로서 좀 앞서간 발언 같아 머뭇거렸지만, 그녀는 내 의도를 이해해주었다.

"그럴 수도 있겠네요. 내가 알고 있는 엄마의 성격을 떠올려보면, 불만이 생겼을 때 가만히 있지 않았겠죠. 아무 말도 하지 않은 걸 보면 인정한다, 기쁘다는 뜻이었을 수도 있어요. 그게 엄마에게는 칭찬이었는지도 몰라요."

하지만 한 가지 고백해야겠다. 료코의 엄마가 정말 그녀를 자랑스러운 딸이라고 생각했는지는 나도 잘 모른다. 료코의 엄마에게 확인해보지 않았고, 확인했다고 해도 엄마 본인이 '딸을 자랑스럽게 생각했는가?' 하는 질문에 확실

딸은 엄마의 감정 쓰레기통이 아니다

하게 대답하지 못할 수도 있다. 설사 료코의 엄마가 딸을 무조건적으로 사랑하지는 못했다 해도, 다른 평범한 엄마들처럼 나름의 방식대로 딸에게 애정을 쏟았을 것이다.

료코가 이 말을 들으면 "평범한 엄마라니요? 내가 얼마나 힘들었는데요!"라며 화낼지도 모르겠다. 하지만 내가 일하는 진료실에는 부모에게 극심한 학대를 받은 사람들이 와서 '90점인데도 칭찬받지 못했다'는 수준을 넘어선 믿기 힘든 이야기를 털어놓는 일이 많다.

내가 만난 어느 삼형제는 가정교육이라는 명목 하에 부모가 그들을 양동이에 넣고 학대했다고 털어놓았다. 엄마는 어린 그들을 앞에 두고 "꺼져! 이 멍청아!"라며 욕을 했다고 한다. 그런 사람들과 비교해봤을 때, 료코의 엄마는 애정표현 방식이 서툰 '평범한 엄마'에 속한다고 할 수 있다.

부모가 자식에게 애정을 표현하는 방식은 성격이나 소통 능력에 따라 천차만별이다. 그래서 딸이 엄마에게 바라는 점을 말해도 엄마의 애정표현 방식은 크게 달라지지 않는 경우가 많다. 그럴 때는 애정표현을 잘 못하는 엄마의 말과 태도와 행동을 딸 스스로가 어떻게 받아들일지 결정하는 것도 하나의 해결책이 된다.

하지만 이 문제는 그리 간단하지 않다. 왜냐하면 그것은 '엄마에게 나는 어떤 존재인가?' 하는 문제로 번지게 되고, 결국 딸들은 '나는 누구인가?'라는 익숙하고도 심오한 질문에 도달하기 때문이다.

감정 코칭

엄마의 요구와 나의 가치관 분리하기

1장에서 엄마의 마음에 들기 위해 노력했음에도 불구하고 칭찬받지 못한 딸들의 이야기를 소개했습니다.

중학생이던 료코는 고등학생들이 참여하는 발표회에 참가했음에도 잘했다고 말해주는 대신, 사소한 실수를 지적한 엄마에게 상처를 받았습니다. 료코의 엄마는 그녀가 어떤 일이든 1등을 목표로 삼기를 바랐습니다. 학교에서는 밝고 적극적인 모범생으로 생활하기를 원했지요.

이처럼 엄마는 딸을 독립적인 인격체로 인식하지 못하고 자신의 분신이라 생각한 나머지, 딸에게 이런저런 요구를 하곤 합니다.

어린 아이들은 엄마의 요구를 무비판적으로 받아들이게 되는데, 이 과정을 '내적 투사Introjection', 줄여서 '내사'라고 부릅니다. 내적 투사란, 다른 사람의 태도나 가치 혹은 행동을 마치 자신의 것처럼 동일시하는 과정입니다.

어린 시절, 아무런 의문 없이 받아들인 엄마의 요구는 온전히 나의 것이 되지 못하고, 성인이 되어서는 극심한 혼란과 정서불안의 원인이 됩니다.

내 삶에 영향을 끼친 엄마의 요구를 찾고, 나의 가치관과 일치하는지 확인하는 과정은 성숙한 성인이 되는 첫걸음입니다.

다음의 질문들에 답하면서, 엄마의 말과 행동들을 어떻게 받아들일지 생각해본 다음, 스스로의 가치관과 비교해보세요.

To do list

어릴 적, 엄마는 당신에게 어떤 요구를 했나요?

엄마의 요구가 현재 당신의 가치관과 일치하는지 점검해보세요.

◇◇◇◇

Chapter 2

• 죄책감 •

미워해서 미안해

"아이를 낳길 바라는 엄마에게

화가 나진 않아요.

엄마의 기대에 부응하지 못하는 내가

불효녀라는 생각에 참을 수 없을 뿐이죠."

꿈을 이루자마자 찾아온 거식증

엄마와의 관계를 생각하다가 '나는 누구인가?' 하는 질문에 도달한 사례를 하나 소개하겠다.

30대 미용사 미호는 같이 근무하던 동료와 결혼해 열심히 일한 끝에 부부의 이름을 건 미용실을 개업했다. 오랫동안 원했던 가게를 갖게 된 그들은 기운이 넘쳤다. 하지만 일에 전념하다 보니 아이를 갖기 어려웠다. '아이가 꼭 있어야하나?' 하는 생각도 점점 커져갔다. 친구들도 부부가 일에 푹 빠진 것을 알기 때문에 아이 이야기는 꺼내지 않았다.

그런데 미호의 엄마는 달랐다. 미호의 엄마도 미용사로, 미용실을 혼자 꾸려나가며 미호와 동생을 키웠다. 일도 잘하고 딸들에게도 아낌없이 애정을 쏟은 엄마를 미호는 매우 존경했다.

"엄마는 내가 열심히 노력해서 가게를 개업한 것을 진심으로 기뻐해주었어요. 하지만 손주가 빨리 보고 싶었는지 대화 도중에 '아이가 얼마나 예쁜지 아니? 안 키워보면 몰라'라는 이야기를 자주 하더라고요. 내심 나에게 일과 육아를 모두 바라는 것 같아요. 엄마를 할머니로 만들어줄 수 있는 사람은 저뿐이에요. 동생은 지병이 있어서 아이를 가질 수 없거든요."

미호는 아이를 낳으라고 눈치를 주거나 할머니 소리를 듣고 싶다고 은근히 바라는 엄마에게 분노를 느끼지는 않았다. 그러나 존경하는 엄마의 기대에 부응하지 못하는 자신이 불효녀라는 자책감이 들어서 참을 수 없다고 했다.

'난 엄마의 딸인데, 왜 엄마의 뜻에 순순히 따르지 못할까?' 하는 자책이 심해지자, 미호는 아무것도 먹을 수 없었다. 일하려면 뭐라도 먹어야 한다고 생각했지만, 목구멍이 꽉 막힌 느낌이 들어 음식을 삼킬 수 없었다.

나를 찾아왔을 때, 미호는 아주 야위었고 미용사임에도 불구하고 머리카락은 푸석푸석했다. 엄마에게 미안해하는 미호가 마치 자신에게 벌을 주는 것 같았다.

미호와 계속 대화를 나누어본 결과, 실제로 엄마가 "나는 이렇게 했는데, 너는 왜 못 하니?"라고 구체적으로 말한 일은 드물었다. 그럼에도 미호는 엄마의 말에 자신의 공상을 덧붙여 '엄마는 아마 내가 이렇게 하기를 바랄 거야', '이렇게 하지 않으면 엄마는 화를 낼 거야'라고 생각했다.

1장에서 착한 딸이고 싶었던 료코는 "네가 잘못했네"라는 엄마의 말로 인해 죄책감에 시달렸다. 반면 미호는 엄마가 자신을 비난하거나 꾸짖지 않았는데도 엄마의 기대를 채우지 못했다는 자책감으로 괴로워했다.

효도는 본능이 아니다

딸은 엄마의 기대를 매번 채워줘야만 할까? 평론가 다와라 모에코가 쓴 『자식에게 신세 지지 않고 죽는 법』이라는 책이 있다. 책에서 다와라는 자식과의 문제로 고민하는 친구에게 효도는 본능이 아니라고 충고한다.

다와라의 말을 들은 친구는 그녀 앞에서 자식의 아파트 계약금을 내지 않겠다고 다짐했다. 그런데 며칠 후, 전전긍

긍하는 자식을 더는 두고 볼 수 없어 결국 계약금을 대신 내줬다는 이야기를 듣고 어처구니가 없었다. 다와라 자신은 절대로 자식에게 의지하지 않겠다고 결심하고, 여생을 보낼 실버타운을 찾아보며 '자식에게 신세 지지 않고 죽는 법'이라는 제목의 강연을 시작했다.

이후 강연과 집필 활동을 활발히 해오던 다와라는 실버 타운 대신 산속에 미술관을 겸한 집을 짓고 살다가 폐암으로 세상을 떠났다. 그녀가 다짐한 대로 마지막까지 정말 자식에게 신세를 지지 않았는지는 자세히 알 수 없지만, 죽기 직전까지 암 환자 모임에 참석하는 등 왕성하게 활동한 기록이 있다.

세상을 떠나기 1년 전, 한 잡지사와의 대담에서도 자식들은 모두 독립해서 외국에 살고 필요할 때만 연락한다고 밝혔기 때문에, 적어도 심리적으로는 자식들에게 의지하지 않았던 것 같다. 나이 든 그녀를 홀로 남겨두고 외국에서 생활하는 자식들을 불효자라고 비난하지도 않았다.

다와라가 자식들과 이렇게까지 독립적인 관계를 유지할 수 있었던 비결은 뭘까? 노인이 되어서도 그녀에게는 자기

딸은 엄마의 감정 쓰레기통이 아니다

몫의 일이 있었기 때문이다. 게다가 다와라도 엄마와 좋은 관계를 유지하지 못했고, 엄마를 간병하면서부터는 엄마에게 상당히 휘둘렸다. 그러나 엄마가 세상을 떠났을 때 '내 책을 가장 먼저 읽어줄 사람이 없어졌구나' 하는 생각이 들었다고 한다. 이처럼 엄마와 딸의 관계는 한마디로 딱 잘라 표현할 수 없다. 그래서 다와라는 자식들과 거리를 두겠다고 다짐하며, 독립적인 관계를 유지하려 노력했을 것이다.

사실 다와라처럼 자식과 물리적으로든 심리적으로든 거리를 두려는 엄마는 실제로 그렇게 많지 않다. 오히려 최근에는 자식을 낳으면 본인의 사회적 지위가 높아진다고 생각하는 엄마들도 많다.

작가 사카이 준코는 이런 상황을 두고 '요즘 최고의 취미는 육아'라는 말로 표현한 적이 있다. 도시에 살며, 남편의 수입이 많고, 자신 역시 고학력자이며, 자신의 일에 자부심을 가진 여성들은 '엄마'라는 한 줄을 프로필에 추가하고 싶어 한다.

그런 엄마는 분명 태어날 아이가 예쁜 외모, 총명한 두뇌, 뛰어난 예술적 재능이나 운동 신경, 유창한 영어 실력

등 완벽한 조건을 갖추기를 바랄 것이다. 유전자 조작을 통해 완벽한 유전자를 갖고 태어나는 이른바 '맞춤 아기'처럼 말이다. 오늘날, 자식은 부모를 더욱 빛나게 해주는 하나의 수단이 되었는지도 모른다.

그런 엄마를 둔 아이, 특히 딸들은 사춘기나 성인기가 되면 '나는 엄마의 사회적 지위를 높이기 위해 태어났을 뿐'이라고 생각하며, 자신의 존재 이유를 깊이 고민한다. 그러나 딸이 멀어지면 엄마는 여러 가지로 곤란하기 때문에 필사적으로 딸을 붙잡아두려고 한다. 그리고는 딸을 압박하거나 어리광을 부려 자립을 방해한다.

내 배 속에서 나온 널, 내가 모르겠니?

일본을 대표하는 지성인 우치다 타츠루는 자신의 블로그를 통해 정신분석 분야에서 화제가 되었던 '아들과 아버지의 전쟁'이 '딸과 엄마 간의 주도권 투쟁'으로 옮겨갔으며, 전적도 엄마가 압승이라고 지적했다.

그는 엄마를 이렇게 묘사했다.

딸은 엄마의 감정 쓰레기통이 아니다

엄마라는 사람은 자식의 꿈을 태연히 짓밟고 눈물을 글썽거리며 '이게 다 널 위해서야'라고 고개를 숙이다가도, 눈물을 훔치면서 '어제 먹다 남은 돈가스 있는데, 데워 먹을래?'라고 순식간에 화제를 옮길 수 있는, 매우 억세고 거침없는 존재다.

분명 그런 엄마는 쉽게 이길 수 없다. 아니, 애초에 딸을 승부의 상대로 생각조차 하지 않는다. 자신보다 딸이 먼저 꽃꽂이를 익혔을 때도 "너한테 꽃꽂이를 배우자고 한 건 나야", "네가 젊어서 머리가 잘 돌아가니까 나보다 좀 더 잘하는 거야"라며 이 승부는 공평하지 않다고 한다.

아무리 생각해도 딸이 우세한 경우, 엄마는 마지막 비장의 카드로 "넌 내 배 속에서 나왔어"라고 말한다. 이 말에는 '원래', '어차피'라는 부사가 자주 붙는다. "지금 아무리 네가 잘났어도 넌 원래 내 배 속에 머물다 무력한 존재로 태어났고, 내가 온 정성을 다해 키워서 이만큼 사람답게 큰 거야"라는 식의 말을 들으면 딸은 말문이 막힌다.

반면 아들에게는 "어차피 넌 내 아들이야. 내가 널 모르

———
딸은 엄마를 쉽게 이길 수 없다.
아니, 엄마는 애초에 딸을
승부의 상대로 생각조차 하지 않는다.

겠니?"라고 하지 않는다. 같은 배 속에 머물렀다 해도 남성인 아들은 엄마에게 신기한 존재이며, 완전히 파악할 수 없는 경외의 대상이기 때문이 아닐까?

엄마는 자신의 배 속에서 미지의 존재인 남자아이가 나왔다는 사실에 놀라워하며 아들에게 감격의 눈빛을 보낸다. 딸에게 하듯이 "너에 관해서는 내 배 속에 있을 때부터 모조리 알고 있어!"라고 큰소리치지 않는다.

일반적으로 엄마는 딸과 아들에 대한 차별을 줄이거나 억제하려고 하지 않고, 감추고 얼버무린다. 그리고 '내 배 속에서 나온 다른 사람'인 아들에게 느끼는 조심스러움을 딸에게는 느끼지 않는다. 자신이 딸보다 한 수 위라는 사실을 상기시키기 위해 엄마는 잘 자라준 딸의 약점이나 결점을 아무렇지 않게 지적하곤 한다.

"학교 선생님이면 뭐해? 손수건 한 장도 제대로 못 개는데. 어쩜 그렇게 어릴 때나 지금이나 똑같니?"

"구두굽이 또 오른쪽만 닳았잖아. 잘나가는 회사 부장님이 이러면 사람들이 흉봐."

물론 엄마는 아들에게도 가끔 이렇게 지적한다. 하지만

엄마와 승부를 겨루는 상대가 아닌 아들은, 엄마의 잔소리에 "역시 엄마한테는 못 당한다니까"라고 여유 있게 대꾸할 수 있다.

화려한 엄마와 수수한 딸의 비밀

더욱 직설적으로 자신의 승리를 과시하는 엄마도 있다. 유키는 충격적 사건을 겪은 후 3개월 이내에 정서 또는 행동의 부적응 반응을 나타내는 '적응장애Adjustment disorder' 진단을 받고 우리 병원에 다니던 여성이다. 유키가 감기에 걸려서 엄마가 대신 약을 받으러 온 적이 있는데, 그녀의 엄마를 보고 적잖이 놀랐다.

내 앞에 선 여성은 아무리 보아도 유키의 엄마가 아니라 언니로 보였다. 유키는 눈에 띄지 않는 수수한 타입인데 비해, 엄마는 영화배우처럼 화려했다. 유키는 병원에 올 때 화장도 거의 하지 않는데, 엄마는 찰랑이는 긴 웨이브 머리에 진주 목걸이를 몇 겹이나 휘감은 사람이라니!

진료실에는 이렇게 '화려한 엄마와 수수한 딸'이 의외로

딸은 엄마의 감정 쓰레기통이 아니다

많이 찾아온다. 화려한 스타일의 엄마는 대부분 딸의 수수한 외모를 걱정스러워 한다.

"아직 젊은데 좀 더 꾸미고 다니면 얼마나 좋아요? 내가 아무리 말해도 안 되더라고요."

딸을 걱정하는 엄마의 표정에는 어딘가 여유가 있다. 이런 모녀를 보면 태양과 달이 떠오른다. 엄마는 환한 태양이고, 딸은 햇빛을 받지 못하면 빛날 수 없는 달로 살아가는 느낌이다. 거꾸로 말하면 딸이 계속 달이기 때문에 엄마는 점점 빛나는 태양으로 존재할 수 있다는 뜻이다.

만약 딸도 태양처럼 빛나면 딸처럼 젊지 않은 엄마는 잠시도 버티지 못한다. 지금까지 엄마를 치켜세워주던 주위 사람들이 딸을 칭찬하기 시작한다. "엄마 젊을 때랑 똑같네"라는 칭찬도 엄마는 '그럼 지금 나는 늙고 볼품없다는 뜻인가?' 하면서 자신을 비난하는 말로 받아들인다.

물론 엄마가 본인이 태양, 딸은 달이라고 생각하지는 않는다. 무의식적으로 자신이 항상 주위 사람들에게 칭찬받는 존재이기 위해서는 딸이 화려하게 빛나면 곤란하다고 여겨, 딸에게 "넌 이게 더 어울려"라며 수수한 옷을 권하게 되는 것이다.

화려한 엄마를 둔 딸은 엄마의 무의식적인 요구를 민감하게 알아차리고, 자신도 모르게 엄마를 돋보이게 하는 역할을 자처하는 경우가 많다. 그것을 수수한 외모뿐 아니라 '컨디션이 좋지 않다', '쉽게 우울해진다' 등 나빠진 심신의 상태로 표현하는 사람도 있다.

"아휴, 나이도 젊은 애가 아침마다 왜 이렇게 못 일어나니?"라는 핀잔을 듣는 딸은, 엄마를 걱정하게 하면서 자신보다 엄마가 훨씬 건강하다는 사실을 증명하는 역할을 맡는다. 만약 딸이 몸과 마음의 건강을 되찾아 일도 하고 집안일과 육아까지 잘 해내면, 엄마가 '집안의 슈퍼우먼'이라는 지위를 잃게 된다. 그러면 엄마는 무의식적으로 지위 상실을 피하려고 할 것이다.

수수한 딸 유키의 엄마도 내심 생활력이나 외모를 꾸미는 능력이 딸보다 훨씬 뛰어나다고 생각하지만, 겉으로는 그것을 모르는 척하며 유키에게 "우리는 뭐든 말할 수 있는 친구 같은 사이잖아. 엄마가 틀렸니?"라고 묻는다. 그러면 유키는 "엄마는 엄마지. 친구랑은 달라"라고 반박하지

딸은 엄마의 감정 쓰레기통이 아니다

화려한 엄마를 둔 딸은
엄마의 무의식적인 요구를 민감하게 알아차리고,
자신도 모르게 엄마를 돋보이게 하는 역할을
자처하는 경우가 많다.

못하고 "맞아. 엄마랑은 무슨 이야기든 할 수 있어서 좋아"라고 대답할 수밖에 없다.

엄마는 "딸이 직접 한 말이에요. 제가 절대로 강요하지 않았어요"라고 자신 있게 말하지만, 엄마가 월등히 우세한 관계에서 딸이 엄마의 물음에 부정적인 대답을 하기는 어렵다.

더 이상 왕비의 거울로 살 수는 없어

동화 『백설 공주』에서 왕비는 거울에게 "이 세상에서 누가 가장 아름답니?"라고 묻는다. 줄곧 "물론 왕비님이죠"라고 대답하던 거울은, 백설 공주가 어른이 되자 "백설 공주가 가장 아름답죠"라고 말을 바꿨다. 질투심에 휩싸인 왕비는 사냥꾼에게 백설 공주를 숲으로 데려가 죽이라고 명했다. 이 이야기에서 같은 질문을 매일 듣고도 싫증 내지 않고, 왕비가 가장 아름답다고 답하는 거울의 정체는 사실은 딸이 아닐까?

많은 엄마들이 딸에게 "엄마가 세상에서 제일 좋아", "엄

딸은 엄마의 감정 쓰레기통이 아니다

마 최고!"라는 칭찬을 듣는다. 물론 아들에게도 그런 칭찬을 듣겠지만, 아들의 진짜 역할은 엄마를 칭찬하는 것이 아니라 그냥 '엄마의 아들'이라는 존재 자체다. 앞서 말했듯이 아들은 엄마에게 '내가 널 낳았다니!' 하는 경외의 대상이기 때문이다.

그러던 어느 날, 어른이 된 딸은 "엄마, 언제 이렇게 주름이 많이 생겼어? 난 그래도 아직 탱탱한데"라고 말해버린다. 이 말은 "가장 아름다운 사람은 백설 공주입니다"라는 거울의 대답과 같다.

엄마는 『백설 공주』 속 왕비처럼 공주를 죽이라고 명령하진 않지만, 더 이상 자신을 최고라고 인정해주지 않는 딸에게 적잖이 실망할 것이다. 그래서 딸들은 어른이 되어서도 평생 엄마의 거울 역할을 도맡아 한다. 물론 아름답다는 말 외에도 '살림의 여왕', '음식 솜씨는 세계 최고', '뭐든 해내는 척척박사' 등 딸이 엄마를 칭찬하는 수식어는 실로 다양하다.

그렇게 계속 엄마에게 충실한 거울로 산다면 딸에게는 어떤 인생이 펼쳐질까? 엄마의 원망을 받아 버려지는 일은

계속 엄마에게 충실한 거울로 산다면
엄마의 원망을 받아 버려지는 일은 없을 것이다.
하지만 자신의 인생을 주체적으로 살아갈 기회도 사라진다.

없을 것이다. 하지만 자신의 인생을 주체적으로 살아갈 기회도 사라진다.

어른이 된 후, 문득 '내 마음대로 살지 못했다'는 생각을 하게 된 여성들은 혹시 지금까지 '왕비의 거울'로 살지 않았는지 스스로에게 되물어보아야 한다.

엄마를 미워하는 내가 미워질 때

50대 중반인 내 친구 중에는 손주가 생겨 할머니가 된 친구들도 많다. 중학교 동창회에서 한 친구가 이렇게 말했다.

"우리 엄마는 일흔 여섯인데 여기저기 건강이 안 좋아져서 요즘에는 내 도움을 받고 있어. '깐깐한 엄마도 나한테 의지할 때가 있구나' 싶어서 감개무량했지.

딸이 아이를 낳아서 도와주고 싶은데, 회사에 일이 있어서 머뭇거리고 있었어. 그런데 증손주가 태어났다는 이야기를 듣자마자 엄마가 '넌 똑 부러진 데가 없어서 맡길 수가 없어. 내가 어떻게든 해보마'라고 하더라고. 어릴 때부터 똑 부러진 데가 없다는 말은 수도 없이 들었는데, 할머니가 되어서까지 같은 말을 들을 줄이야. 엄마가 그 말을 하는데, '아직 너한테 지지 않아'라고 말하는 느낌이 들더라. 분했지만 손주를 엄마한테 맡길 수밖에 없었어."

어른이 되어 엄마를 이겼다고 생각했던 자신이 손주가 태어나자 다시 엄마에게 졌다는 이야기였다. 친구의 표정에는 손주가 생겼다는 기쁨보다 엄마에게는 정말 못 당한다는 패배감이 더 커 보였다. 엄마에게 또 졌다는 것은 친구의 생각일 뿐, 엄마는 단순히 사랑하는 딸, 손주, 그리고 증손주를 위하는 마음에 돌봐주려 했을지도 모른다. 어쨌든 할머니가 된 딸은 또다시 엄마에게 패배를 선언했다.

엄마에게 패배를 선언하는 딸에 대해 사회학자 우에노 지즈코는 이렇게 말했다.

"엄마의 기대에 부응하든 엄마의 기대를 저버리든, 엄마가 살아 있는 한 딸은 엄마의 주문에서 벗어날 수 없다. 엄마의 말에 따르든 반대하든 엄마는 딸의 인생을 지배한다. 자신을 지배하는 엄마에 대한 딸의 원망은 죄책감과 자기혐오로 표출된다. 딸은 엄마를 좋아하지 않는 자

72   딸은 엄마의 감정 쓰레기통이 아니다

기 자신을 미워한다. 엄마가 딸을 자신의 분신이라 생각
하듯, 딸 또한 엄마가 자기의 분신이라고 믿기 때문이다."

딸은 자신의 분신인 엄마를 증오하는 감정을 자기 자신
을 미워하는 것과 같다고 여긴다. 그리고 "엄마, 미안해. 내
가 잘못했어"라고 사과하면서 스스로에게도 "나를 사랑해
주지 못해서 미안해"라고 사죄한다. 딸이 자꾸만 엄마에게
진다고 느끼는 것도 바로 이 때문이다.

여기서 새로운 의문이 고개를 든다. 딸과 엄마가 서로를
자신의 분신이라고 믿는다면, 엄마도 자신의 잘못에 대해
딸에게 미안하다고 사과해야 하지 않을까?

그러나 "내가 잘못했어. 엄마를 미워해서 미안해"라고
사과하는 쪽은 대부분 딸이다. 엄마는 딸에게 원망의 말
을 들어도 태연하게 "어머, 너 나를 미워했었니?"라고 한
다. 딸의 마음을 알았더라도 애써 모르는 척한다. 이런 일
이 일어나는 이유는 무엇일까?

앞서 언급한 사회학자 우에노 지즈코의 말을 뒤집어 생
각해보자. 엄마를 증오하던 딸이 자신도 미워하게 되는 것

이 아니라, 자신을 미워하던 딸이 자신의 분신인 엄마도 증오하게 되는 건 아닐까?

엄마의 입장에서도 비슷하게 생각해볼 수 있다. 엄마는 자기 자신을 증오하지 않기 때문에 자신의 분신인 딸을 증오하지도 않고, 딸이 자신을 미워한다는 사실도 잘 알아채지 못한다. 엄마와 딸 사이, 불공평한 관계의 밑바닥에는 자신을 미워하는 딸의 감정이 존재하는 것이다.

그러면 왜 엄마는 자신을 미워하지 않을까? 엄마가 한 인간으로서 성숙했기 때문이라고는 할 수 없다. 엄마는 결혼해서 자식을 낳았다는 사실만으로 자기 자신과 자신의 인생을 긍정적으로 바라보기 때문이 아닐까?

엄마들 중에는 딸이 착하게 잘 자랐으니, 내 인생은 이것으로 충분하다고 자신의 인생을 긍정함으로써 남은 생을 계속 살아나갈 힘을 얻는 사람도 있다. 딸을 낳았다는 사실만으로도 인생의 최소 조건은 갖추었다는 자기 긍정은 엄마 본인이 살아남기 위한 마지막 지푸라기다.

'연애도, 결혼도, 일도 만족스럽지는 않지만 딸이라는 분신을 만들었다는 사실만으로도 내 인생은 가치가 있지.'

딸은 이렇게 굳게 믿는 엄마를 상대하지 못한다.

그런데 엄마는 왜 스스로를 긍정하는 방법을 딸에게 가르쳐주지 않을까? "엄마는 네가 있어서 행복해"라고 귓가에 속삭이기만 해도 딸은 자신이 엄마에게 꼭 필요한 사람이라고 생각할 수 있을 텐데……. 왜 엄마는 딸에게 "너 이대로 괜찮겠니?"라고 자신감을 잃게 하는 말만 할까?

엄마는 내가 태어나기 전부터
엄마였던 걸까?

한순간의 망설임도 없이 "내가 너에 대해 뭘 모르겠니?"라고 자신 있게 말하는 엄마를 보면, '엄마는 내가 태어나기 전부터 엄마였던 걸까?'라는 의문이 든다. 물론 그렇지는 않다. 자식을 낳았기 때문에 '엄마'라는 이름을 갖게 된 것이다.

그런 의미에서 딸은 "내가 없었으면 엄마는 어떻게 되었을까?"라며 엄마를 압박할 수도 있겠지만, 오히려 엄마가 "내가 마음만 달리 먹었으면 널 낳지 않을 수도 있었어"라고 받아칠까 봐 그런 말을 차마 입 밖으로 내지 못한다.

내 친구들 중에는 결혼을 해서 딸을 낳은 친구들이 많다. 한번은 친구들에게 이렇게 물어보았다.

"딸을 낳고 너희 엄마의 심정이 이해가 갔어? 너희 엄마가 너한테 한 것처럼 딸을 과잉보호하고 사사건건 통제하게 되던?"

그러자 10~20대의 딸을 둔 친구들은 말도 안 된다며 세차게 고개를 내저었다.

"딸이랑 나 사이는 완전히 달라. 솔직히 말해서 우리 딸은 무슨 생각을 하는지 도통 모르겠어. 같이 쇼핑도 하고 여행도 다니지만, 오히려 내가 딸이랑 같이 있는 걸 피할 때도 있어. 엄마가 지금까지 나한테 한 것처럼 매일 전화하거나 억지로 옷을 사서 입히지는 못하겠더라고."

나와 마찬가지로 친구들 대부분도 너무 강한 엄마와의 유대에서 크고 작은 갈등을 겪었다. 교육열 높은 엄마에게 애정을 받고 자랐지만, 어른이 되어서도 그 간섭이 계속되기 때문에 내심 엄마를 부담스럽고 불편해한다.

하지만 용기를 내어 "나 좀 내버려둬"라고 말하면 "네가

딸은 엄마의 감정 쓰레기통이 아니다

누구 때문에 이렇게 컸는데…… . 엄마를 모른 척할 거야?"
라는 감정적인 역습이 기다린다는 사실을 알기 때문에, 쉽
게 엄마를 거스르지 못한다.

이런 딸들이 결혼해서 딸을 낳고 '엄마'라는 이름을 갖
게 되면, 사사건건 자신을 통제하던 엄마와는 조금 다른
엄마가 되려 애쓰게 된다. 하지만 10~20대인 딸도 이들을
'조금 다른 엄마'라고 생각할지는 장담할 수 없다.

법무사 시험 합격 후, 세 달 만에 일어난 일

"네가 뭘 알겠니."

하루의 엄마는 입버릇처럼 이렇게 말했다. 하루는 30대
의 법무사다. 법무사 자격증을 딸 때까지 오랜 시간 공부
에만 몰두했던 그녀는, 간간이 연애는 했지만 결혼은 하지
않았다. 지금도 부모님과 함께 살고 있다.

법무사 시험공부를 할 때는 엄마도 일단 자격증을 따는
게 중요하다며 딸을 응원해주었다. 그때도 몇 번이나 이렇
게 말했다.

"넌 확실한 목표가 있어야 열심히 하는 타입이야. 어릴 때부터 쭉 그랬어. 내 말 들어. 네가 뭘 알겠니."

몇 년 후, 마침내 하루는 합격률 2%라는 난관을 헤치고, 법무사의 길을 걷게 되었다. 대부분의 신입 법무사와 마찬가지로 그녀 역시 선배 법무사의 사무실에서 일을 배웠다. 그런데 법무사 시험에 합격한 지 세 달이 지나자, 함께 기뻐해주던 엄마는 "앞으로 어떻게 할 생각이야?"라고 묻기 시작했다.

"어떻게 하다니? 몇 년 지나면 법무사로 독립하려고 지금 선배 밑에서 배우고 있잖아."

하루가 대답하자, 엄마는 그런 것엔 관심 없다며 이렇게 말했다.

"자격증을 땄으니까 당연히 그 일을 해야겠지. 그 정도는 엄마도 알아. 그보다 네 계획 말이야. 설마 혼자 사무실을 꾸려나갈 생각은 아니지? 여자 혼자 운영하는 법무사 사무실이라니. 엄마는 들어본 적도 없어."

하루는 요즘 세상을 너무 모르는 엄마의 말에 흠칫 놀랐다.

딸은 엄마의 감정 쓰레기통이 아니다

"요즘 자기 이름을 건 사무실을 운영하는 여자 법무사가 얼마나 많은데! 지금 나랑 같이 일하는……"

실제 여자 법무사의 예를 들려고 하자, 엄마는 하루의 말을 가로막았다.

"그런 이야기는 듣고 싶지 않아. 네가 이름을 일일이 나열할 수 있을 정도로 적다는 뜻이잖아? 너도 세상 물정 모르고 일만 하면서 나이를 먹겠다니……. 넌 혼자 일할 타입이 아니야. 네가 뭘 알겠니."

엄마는 큰 규모의 법무사 사무실에 들어가지 않고 혼자서 사무실을 꾸려 일하는 여자는 '루저'라고 생각했다. 하루가 어떤 예를 들어 반론해도 "네가 뭘 알겠니"라는 한 마디로 정리해버렸다.

'어떻게 딸은 아무것도 모른다고 단정 짓고, 자신의 편견이 절대적으로 맞다고 확신할 수 있을까?'

하루는 화가 나기보다 놀랐다고 했다. 하루는 상대방과 의견이 다르면 먼저 '아, 내가 틀렸나?' 하고 생각하는 편이다. 그리고 자신이 틀렸다는 사실을 깨닫는 즉시 생각을 정정하고 상대방에게 "내가 틀렸나 봐 미안해"라고 사과할

줄 안다.

그런데 엄마는 자신이 확실하게 틀렸을 때에도 인정하지 않고, 더 이상 듣고 싶지 않다며 말을 막아버렸다. '어떻게 이렇게까지 스스로에게 자신만만할 수 있을까?'라는 의문을 품고 지내던 하루는 엄마의 사소한 말 한마디에서 그 답을 찾았다. 엄마가 한 말은 "널 키운 내가 말하는 거니까"였다.

평소처럼 출근하려고 집을 나서려는 순간, 엄마는 안방에서 "그 정장이랑 노란색 셔츠는 안 어울리니까 갈아입고 가"라고 소리쳤다. 옷을 갈아입을 여유가 없던 터라 오늘은 그냥 가겠다고 했지만, 엄마는 "넌 노란색 옷 입으면 없어 보이니까 갈아입어!"라며 물러서지 않았다. 그리고 덧붙인 말이 바로 이 한마디였다.

"네가 뭘 알겠니. 널 키운 내가 말하는 거니까 엄마 말 들어."

하루는 그 말을 듣고 엄마의 흔들림 없는 자신감의 밑바탕에는 '딸을 훌륭하게 키운 엄마'라는 확신이 있다는 사실을 깨달았다.

딸은 엄마의 감정 쓰레기통이 아니다

하지만 엄마에겐 딸이 있어야 자신감도 생기기 마련이다. 덕분에 '딸 가진 엄마'가 되었다고 딸에게 감사할 것까지는 없지만, 자신감의 기반인 딸에게까지 기세등등한 태도를 보이려는 이유는 무엇일까?

그 이유를 정확히는 알 수 없지만, 하루는 만약 엄마의 압도적인 자신감이 딸을 키워봤다는 경험에서 비롯된 것이라면 그 자신감을 완전히 부정하지는 못할 것 같다고 생각했다.

세 아이의 엄마가 되어도 변하지 않는 것

그럼 자식을 낳으면 딸은 엄마와 대등해질까? 꼭 그렇지만은 않다.

내 친구 중 한 명도 대학을 우수한 성적으로 졸업하고, 착실하게 사회생활을 했지만, 늘 엄마에게 "넌 내가 더 잘 알아", "내 말이 맞아"라는 말을 들었다.

친구는 엄마에게서 벗어나려고 결혼했고, 세 아이의 엄마가 되었다. 친구에게는 위로 오빠가 한 명 있다. "엄마는 자식을 둘만 낳았지만, 나는 셋이나 낳았어. 이렇게 비교하면 좀 이상하지만 엄마한테 이긴 느낌이야"라고 이전에 친구가 내게 말한 적이 있다.

세 아이를 데리고 친정에 가면, 엄마는 손주들에게 맛있는 반찬과 간식을 만들어주거나 옛날 놀이를 가르쳐주며 자상하게 놀아주었다고 한다. 아이들은 할머니 댁에 또 가자고 졸랐고, 그때마다 엄마는 "여름방학 때 또 놀러 와서 한 달 정도 여기서 지내렴" 하고 손주들에게 인자한 목소리로 말했다. 친구는 엄마가 아이들을 돌봐주면 편하겠다는 생각 반, 엄마에게 아이들을 빼앗기는 것 같다는 생각 반으로 대답을 망설였지만, 아이들은 "정말요? 약속했어요!"라며 매우 기뻐했다.

여름방학이 되어 아이들은 할머니 댁에서 머무르게 되었다. 친구는 '엄마와 떨어져 있기에 한 달은 너무 길어. 아이들이 분명 집에 빨리 가자고 하겠지. 어쩌면 아이들 돌보는 데 이골이 난 엄마가 이제 아이들을 데리고 가라고 애원할지도 몰라'라고 생각했지만, 아이들은 할머니 댁에서 잘 지냈다. 한 달이 지나 아이들을 데리러 가니, 더 있고 싶

딸은 엄마의 감정 쓰레기통이 아니다

다며 칭얼댈 정도였다.

그녀와 아이들을 배웅하러 나온 엄마는 득의양양한 얼굴로 이렇게 말했다.

"너, 아이들 밥은 제대로 챙겨주는 거니? 갓 따온 채소랑 직접 만든 된장국을 매일 아침 주었더니 이것 봐. 모두 반질반질 얼굴에서 빛이 나잖니. 넌 일은 잘 할지 몰라도 육아는 빵점이야. 앞으로 방학 때마다 아이들은 나한테 맡겨. 내가 걱정돼서 너한테 못 맡기겠다."

친구의 사례처럼, 딸이 아이를 낳아도 엄마와의 불공평한 관계는 조금도 달라지지 않는다.

엄마와 친구처럼 지내던 딸이
우울증에 걸린 이유

자신의 우월함을 확인하려는 엄마에게 지칠 줄 모르고 도전하는 딸은 그나마 다행이다. 진료실에는 엄마에게 백기를 든 여성들도 종종 찾아온다.

서른여덟 살의 리에는 "엄마는 최고의 친구이자 인생 선배"라며 휴대전화에 저장된 사진까지 보여주었다. 시스템 엔지니어로 일하는 그녀는 복장과 헤어스타일이 깔끔했지만, 휴대전화 속에서 미소 짓는 엄마는 블라우스에 화장까지 무척 화려했다.

리에는 "우리 엄마 몇 살로 보여요? 올해 일흔이세요"라고 했는데 정말 그 나이로는 보이지 않았다. 그녀는 "제가 분위기 좋은 레스토랑이나 관광지는 잘 몰라서요"라며 연휴마다 엄마가 계획한 곳으로 함께 여행을 떠난다고 했다. 내게 보여준 엄마의 사진도 유럽 여행 때 찍은 것이었다.

"엄마는 결혼하라는 말은 일절 하지 않고, 내가 하고 싶은 대로 하게 내버려둬요. 집에서는 엄마가 밥이나 빨래를 다 해주기 때문에 저는 일에만 집중할 수 있죠. 특히 요리는 호텔 주방장 저리 가라 할 정도로 정말 잘해요. 친구들이 집에 놀러 오면 엄마 요리 솜씨에 다들 깜짝 놀란다니까요!"

그녀는 연신 엄마 자랑을 늘어놓았다. 하지만 내가 생각하기에 그녀는 엄마를 띄워주는 역할을 충실히 해내는 그림자 같은 존재로 보였다. 엄마와 함께 외출할 때면 늘 그녀

딸은 엄마의 감정 쓰레기통이 아니다

가 운전대를 잡았다. 리에는 자신이 엄마보다 잘하는 건 운전뿐이라고 농담처럼 말했다. 외출을 할 때 그녀는 딸이 아닌 '가상의 연인' 역할까지 도맡아 그 임무를 다했다.

그런 일상이 스트레스가 되지 않으면 오히려 이상하다. 리에는 최근 들어 원인 모를 불면증에 시달렸고, 모든 의욕을 잃은 자신이 빈껍데기 같은 기분이 든다며 나를 찾아왔다. 진료 후, 그녀는 가벼운 우울증 진단을 받았다. 나는 리에가 스트레스를 받는 원인은 엄마밖에 없다고 생각했다. 엄마와의 깊고 특별한 관계가 리에의 인생을 지배하고 정신적 에너지를 빼앗았던 것이다.

리에는 엄마가 자신과는 다른 사람이라는 점을 자각하고, 엄마에게는 못 당한다며 엄마를 칭찬하는 생활에서 벗어나야 한다. 그러나 그렇게 직설적으로 말하면 오히려 '나는 지금까지 엄마의 노예였구나' 하며 엄마에 대한 자부심이 증오로 돌변하는 경우도 있다.

내가 상담했던 한 여성은 결혼해서 아들을 낳았지만, 근처에 있는 친정을 매일같이 찾았다. 하루라도 얼굴을 비추지 않으면 엄마가 언짢아해서 매일 간다고 했지만, 일단 친정에 가면 엄마가 밥도 차려주고 저녁 반찬까지 챙겨주었다. 어울릴 것 같아서 사두었다며 옷을 선물해줄 때도 있었다.

하루하루를 그렇게 지내던 그녀는 갑자기 공황발작을 일으켜 진료실을 찾았다. 나는 그녀의 일상 이야기를 듣고 엄마의 영향과 지배력이 꽤 강하다고 말해주었다. 그랬더니 그녀도 엄마와의 관계에 의문을 느끼기 시작했다. 얼마 후, 나를 찾아 온 그녀가 말했다.

"선생님, 이제야 알았어요! 엄마는 날 이용한 거였어요. 결혼할 사람도 부모님이 정했고, 지금 사는 집도 부모님이 먼저 친정 근처에 있는 곳으로 계약했어요. 난 엄마의 인형이었어요!"

그 후 그녀는 매일 친정을 방문할 때마다 "엄마 마음대로 날 조종하니 좋았어? 내 청춘 돌려줘!"라며 엄마에게 버럭 화를 냈다.

당황한 나는 "엄마의 오랜 가치관은 쉽게 바뀌지 않아요. 그보다 당신이 남편과 상의해서 멀리 이사를 가고, 친정에 가는 횟수를 점차 줄이는 게 낫지 않을까요?"라고 제

딸은 엄마의 감정 쓰레기통이 아니다

안했다. 하지만 그녀는 "선생님, 지금 제 행동이 잘못되었다는 말씀이세요?"라며 나에게도 날을 세웠다.

식사부터 집, 옷에 이르기까지 그녀는 엄마에게 의존해 살아왔다. 살면서 한 번도 엄마의 손아귀에서 빠져나오지 못했다고 느낀 순간 자신의 힘으로 그 손아귀에서 벗어났다면 좋았겠지만, 그러지 못했다. 아마도 엄마와의 관계를 한순간에 바꾸기가 두려웠을 것이다.

기대려는 마음이 미움으로 바뀔 때

부모가 점점 더 나이가 들면서 부모에 대한 의존이 증오로 바뀌는 경우가 많다. 나를 찾아온 30대 후반의 한 여성은 다니던 회사를 그만두고 자격증 시험공부를 한다는 이유로 집에서 생활비를 받았다. 하지만 그녀는 생활비를 받을 정도로 가난하지 않았다. 살고 있는 아파트도 부모님이 그녀 이름으로 사준 것이었다.

그러던 어느 날, 엄마에게서 연락이 왔다. 아버지가 건강이 나빠져서 내년에 회사 임원직을 그만두어야 하며, 지금처럼 생활비를 보내지 못할 수도 있다는 연락이었다. 상식적으로 생각하면 그녀의 부모도 곧 노인이기 때문에 당연한 이야기이지만, 그 말을 들은 그녀는 충격으로 공황발작을 일으켜 진료실을 찾았다.

"선생님, 너무하지 않아요? 부모님은 제가 공부하고 싶으면 해도 된다고 했어요. 그런데 이제 와서 뒷바라지를 못해준다니, 너무 무책임해요."

말로는 부모님 걱정을 많이 한다고 했지만, 그녀는 계속 부모님이 너무하다, 지금의 상황을 믿을 수 없다고 화를 냈다.

부모가 늙거나 병이 들면 자식들은 '부모님도 더 이상 예전같지 않구나. 앞으로는 내가 잘 모셔야지'라고 다짐하며 성숙한 어른으로 거듭나게 된다. 하지만 그녀는 부모의 변화에 분노를 느꼈다.

또 어떤 여성은 건강이 나빠져서 병원에 며칠 입원해 검사를 받았는데, 부모님이 병문안을 오지 않았다며 화를 냈다. 부모님이 병실에 계속 있으면 오히려 신경쓰이지 않는지 물었더니, "그래도 제 상태가 심각할지도 모르니 좀 더 걱정해주기를 바랐어요"라는 대답이 돌아왔다.

검사 결과 심각한 병이 아니었지만, 그녀의 마음속에는 몸이 건강하다는 기쁨보다 부모가 간병해주지 않았다는 불만이 컸다. "실례되는 질문일 수도 있지만, 만약 당신이 심각한 병에 걸렸다면 어땠을까요?" 하고 묻자, 그녀는 "난 남편도 없고 의지할 사람은 부모님뿐이니, 당연히 엄마 아빠가 돌봐줘야죠"라고 단언했다.

작가 기시모토 요코는 암을 극복하기까지의 이야기를 담은 에세이에서, 암에 걸렸다는 사실을 처음 알았을 때 '엄마가 돌아가셔서 다행'이라는 생각이 가장 먼저 들었다고 했다. 만약 엄마가 살아 있었다면, 딸이 암에 걸린 사실을 알고 마음 아파했을 테니 엄마가 이 세상에 없는 편이 오히려 다행이라는 의미다.

나이 든 부모에게 자신을 더 돌봐주지 않는다며 분노하는 딸들은 세상을 떠난 엄마에게 걱정을 끼치지 않아 다행이라고 했던 그녀의 배려를 어떻게 생각할까? 그런 딸들이 암에 걸렸다면 부모에게 끝까지 간병해달라고 요구했을 것이다. 그렇지만 반대로 자신이 병든 부모를 간호하는 모습은 상상하고 싶지 않을지도 모른다.

　이런 경험을 하고 나니, 앞서 엄마를 칭찬하던 딸 리에를 치료하는 데도 신중할 수밖에 없었다. 그녀 또한 엄마의 지배를 깨닫고 어른으로서 홀로 서려는 의지를 가져야 하겠지만, 그녀 스스로 깨닫도록 돕는 것 이외에는 의사인 나로서도 뾰족한 수가 없었다.

　딸은 엄마의 감정 쓰레기통이 아니다

엄마에게 느끼는
부정적 감정 다루는 법

동양 문화권에서는 "자식은 부모에게 효도해야 한다"고 가르
칩니다. 이런 사회적 분위기 속에서 딸은 엄마에게 느끼는 미
움, 분노와 같은 감정을 제대로 표출하지 못하고, 억제하며 성
장하게 되지요.

2장에는 '엄마를 미워한다는 죄책감'에 시달리는 딸들의 이
야기가 나옵니다. 딸이 느끼는 죄책감의 바탕에는 공포가 깔
려 있습니다. '엄마를 존경하지 않는 딸은 불효녀'라는 사회적
낙인이 두려운 딸이 누구보다도 먼저 자신을 질책하게 되는 것
이지요.

하지만 세상에 잘못된 감정이란 없습니다. 다른 감정과 마찬

가지로 엄마에게 느끼는 미움과 분노 역시 지극히 자연스러운 감정입니다. 정도의 차이는 있겠지만, 모든 딸들이 엄마에게 부정적 감정을 느낀 적이 있거나, 지금도 마음속에 품고 있답니다.

엄마에게 화가 나거나, 엄마가 미워질 때는 가장 먼저 스스로에게 "그래도 괜찮아"라고 말해보세요. 가까운 사람들과 이러한 감정을 공유하는 것도 좋은 방법입니다.

다른 사람에게 감정을 털어놓을 용기가 나지 않는 딸들에게는 일기 쓰기를 추천합니다.

글을 잘 쓰지 못해도 괜찮습니다. 종이에 엄마에게 느낀 감정을 가감 없이 쏟아내고 나면, 당신을 괴롭히던 감정들이 한결 가벼워질 거예요.

To do list
- - - - - - - - - - -

최근에 엄마에게 화가 났거나
엄마가 미워졌던 기억을 떠올려보세요.

- -

- -

- -

- -

그때 느꼈던 감정을 아래에 솔직하게 털어놓아 보세요.

- -

- -

- -

- -

Chapter 3

• 불안 •

엄마에게서 멀어져도 괜찮을까?

"입사하고 나서야

내가 후회할 선택을 했다는 걸 깨달았어요.

나한테 더 맞는 회사에 갈 수도 있었을 텐데……

그때는 엄마 말을 무시하고

다른 회사를 선택하면 큰일 나는 줄 알았어요."

연애보다 공부가 먼저라던 엄마의 돌변

부끄럽지만 내 이야기를 조금 하겠다. 딸을 지배하려 하진 않았지만, 우리 엄마도 딸을 과잉보호하는 타입이었다. 생각해보면 우리 집에도 '뭐든지 할 수 있는 엄마'와 '엄마 없이는 아무것도 할 수 없는 딸'이라는 관계가 있었고, 아버지와 남동생도 자연스레 그 관계를 인정했다. 학창 시절, 내가 집안일을 하려고 하면 아버지와 남동생은 입을 모아 "네가 집안일을 한다고?"라고 말했다.

그러나 앞에서도 말했지만 나는 자기주장이 매우 강한 아이여서, 학교나 진로는 누구의 이야기에도 휘둘리지 않고 내 뜻대로 선택했다. 그러자 엄마도 점차 당신의 의지대로 나를 움직이기를 포기했고, 중요한 결정을 내릴 때도 엄마의 의견을 피력하기보다는 내가 원하는 대로 결정하도록 내버려두었다.

그럼에도 성인이 되고 나서까지 내 목소리를 내지 못했던 부분이 있다. 바로 연애 문제였다. 중·고등학교 때, 엄마는 내가 남자친구를 사귀기보다는 공부에 집중하기를 원했다.

대학생이 되고 나서도 엄마의 태도는 똑같았다. 한번은 엄마의 말에 일일이 대답하기도 귀찮아서 "연애 따위 흥미 없어"라고 했더니, 엄마는 "얘, 그런 말 하면 빨리 결혼한대"라고 부정적인 말투로 말하고는 얼굴을 찌푸렸다. 나는 엄마가 딸의 연애나 성에 혐오감을 갖고 있다고 생각하고, 앞으로는 절대로 엄마에게 연애 이야기를 하지 않기로 했다.

그런데 대학교를 졸업하자마자 엄마는 이전까지와는 반대로 결혼 이야기를 꺼내기 시작했다. 남자한테 정신 못 차리면 공부에 방해된다고 입버릇처럼 말하던 엄마. 남자 동기들과 놀다 왔다는 이야기에도 "좋았겠네"라고만 마지못해 대답할 뿐, 표정은 내내 어두웠던 엄마가 갑자기 결혼 이야기를 꺼내다니. 도대체 어떻게 된 일일까?

아직 결혼할 생각이 없다고 분명히 말했는데도 엄마는

딸은 엄마의 감정 쓰레기통이 아니다

친구가 딸 사진만이라도 가져오라고 했다며 맞선 이야기를 늘어놓았다. 본가에 들를 때마다 엄마는 버릇처럼 결혼 이야기를 꺼냈고, 스스로 판단할 기력조차 잃어버린 나는 엄마 말대로 사진과 이력서까지 준비했다.

그러나 맞선에 필요한 서류를 엄마에게 건네주고, 혼자 사는 집으로 돌아오는 길에 갑자기 정신이 번쩍 들었다. 곧장 전화를 걸어 "엄마, 친구한테 내 사진 절대 주지 마!" 하고 못을 박았다. 엄마는 "왜? 준다고 해놓고 이제 와서 거절하면 내가 뭐가 되니?"라며 거부했지만, 나는 "싫은 건 싫은 거야. 부탁해요"라고 말한 뒤, 전화를 끊었다.

내가 단호하게 거절하니 엄마도 더 이상 아무 말도 하지 않았고, 맞선 이야기는 없던 일이 되었다. 엄마 말처럼 크게 중요한 맞선은 아니었던지, 그 때문에 엄마와 친구들 사이가 나빠졌다는 말은 들은 적이 없다. 그러나 엄마는 말을 듣지 않은 나를 원망하는 눈치였다.

엄마 눈으로 본 딸의 남자친구

내 이야기는 여기서 끝나지 않았다. 맞선은 포기했지만, 엄마는 나를 볼 때마다 만나는 사람이 있냐고 물었다. 계속 거짓말로만 일관할 수 없어서 만난 지 얼마 되지 않은 남자친구 이야기를 꺼냈더니, 남자친구를 무척 보고 싶어 했다. 엄마의 끈질긴 요청에 남자친구에게 상황을 설명한 후, 식사 자리를 만들었다. 엄마는 남자친구를 친근하게 대해주었고, 남자친구도 "어머님 좋은 분이더라"라며 엄마를 칭찬했다.

문제는 그 다음이었다. 나는 당장은 결혼할 마음이 없었고, 남자친구도 결혼을 꼭 해야 한다고 생각하는 사람은 아니었기에 결혼 이야기가 오가지는 않았다. 그러자 엄마는 완곡한 말투로 남자친구를 비판하기 시작했다.

"걔 잘 지내니? 직업이 일정하지 않아서 말이야. 요새 손가락 빨고 있지는 않니? 유머 감각이 있어 보여서 마음에 들긴 했는데, 너희 아빠처럼 뚝심 있는 스타일은 아닌 것 같더라."

딸은 엄마의 감정 쓰레기통이 아니다

나는 '또 시작이네' 하고 생각하면서도, 그런 말을 들을 때마다 누가 등에 찬물을 끼얹는 것처럼 말로 표현할 수 없는 불쾌감을 느꼈다. 취미나 일과 관련된 일이라면 엄마가 뭐라든 내 마음대로 하겠는데, 연애 문제는 강하게 반박할 마음도 들지 않았다. 엄마의 말에 나는 항상 "그런가? 늘 그렇지는 않은데"라고 애매하게 대답했다.

엄마가 남자친구의 사소한 결점을 지적하고 나면, 그 사람의 결점이 신경 쓰였다. 프리랜서로 일하는 남자친구가 멋지다고 생각했는데, 불안정한 그의 직업이 걸린다는 엄마의 이야기를 듣고 나면 왠지 그의 캐주얼 양복도 낡고 허름해 보였다. '요즘 일이 잘 안 들어오나 보다'라고 생각하며 그와 점점 거리를 두다 결국 헤어졌다.

남자친구와 헤어진 후 본가에 가니 엄마는 "그 남자하고는 어떻게 됐니?" 하고 물었다. 내가 아무렇지 않게 이제 안 만난다고 하자, 엄마는 "잘됐다. 역시 직업이 탄탄한 사람이 좋지"라고 하는 대신 이렇게 물었다.

"정말? 좋은 사람이었잖아. 다정하고 똑똑한 게 마음에 쏙 들었는데……. 왜 헤어졌어?"

"엄마가 싫다고 해서 헤어졌어!"라는 말이 목구멍까지 차올랐지만, 차마 말하지 못했다. 그렇게 말해봤자 엄마는 "무슨 소리야? 난 헤어지라고 한 적 없어"라고 태연하게 반론할 것이 분명했기 때문이다. 나는 하고 싶은 말을 꾹 참고 낮은 한숨을 쉬고는 이렇게 말했다.

"괜찮아, 좋은 사람 또 나타나겠지."

이제 와 생각하면 후회가 된다. 엄마의 말에 휘둘리지 않고 당당하게 "엄마, 무슨 소리야? 그 사람, 직업이 안정적이진 않아도 독립심도 있고 유능한 사람이야"라고 반박했어야 했다. 좋아하는 남자의 편이 되지 못하고, 엄마의 부정적인 말만 듣고 최면에 걸리듯 헤어지기까지 하다니. 정말 부끄럽다.

창피함을 무릅쓰고 내 이야기를 한 이유는 단순히 넋두리를 하고 싶어서가 아니다. 앞서 말했듯이 나는 어릴 때부터 자립심이 강했으며, 학교나 진로 등에 관해서는 부모님의 의견을 묻지 않고 스스로 결정했다. 그런 나도 연애나 결혼에 관해서는 엄마가 하는 말에 그대로 따르라는 암시

딸은 엄마의 감정 쓰레기통이 아니다

에 걸렸다는 사실을 알리고 싶었다.

내가 정신과 의사라는 직업을 선택한 계기는 부모님의 의견이 아닌, 한 권의 책이었다. 나는 부모님 앞에서 "프랑스 철학자가 권하는 방식대로 살고 싶어"라며 사뭇 진지하게 말했다. 엄마는 그런 내 뜻을 따라주었다.

하지만 연애와 결혼에 관해서는 자신이 선배라고, 그 영역에서만큼은 딸의 뜻대로 하게 둘 수 없다고 생각했을지 모른다. 하지만 엄마가 의식적으로 그런 말과 행동을 한 건 아니었다. 돌이켜 생각해보니 엄마가 그런 마음이었을 거라 짐작한 것이다.

다시 말하지만, 우리 엄마는 결코 위압적이거나 권위적인 성격이 아니다. 조금 덜렁거리고 솔직한, 귀여운 캐릭터다. 그런 엄마조차 본인이 자신 있는 분야에서는 딸보다 우위에 서려고 했다.

딸인 나도 연애와 결혼에 관해서는 엄마에게 반발하면 안 된다고 생각했다. 그래서 "내가 선택한 사람에 대해서 더 이상 왈가왈부하지 마!" 하고 엄마의 말을 완전히 부정하지 못했던 것이다.

어린아이가 되어버린 엄마

딸을 지배하려는 엄마의 심리는 '분리불안'과 관련이 있다. 이전까지 분리불안은 '부모와 떨어지기를 지나치게 싫어하는 심리'라고 해서 아이의 관점에서만 연구되었다.

그러나 최근 심리학에서는 부모의 분리불안을 주목하고 있다. 발달심리학은 '아이를 남겨두는 것에 대한 서운함과 걱정, 죄책감 등 불쾌한 감정'이라고 부모 중에서도 엄마의 분리불안을 정의했다.

이전에는 어린 자녀가 엄마에게서 멀어진다고 해서 엄마가 서운함을 느낄 것이라 생각하지 않았다. 1970년대부터 일본의 사회적 이슈가 된 '빈 둥지 증후군Empty nest syndrome'은 성인이 되어 독립한 자녀가 집을 떠난 뒤에 부모가 겪는 외로움과 상실감을 의미하는 말이었다.

요즈음 주목받는 엄마의 분리불안은 아이가 더 어릴 때 생긴다. 예를 들어 중학생 딸이 동아리 활동을 하느라 가족 여행에 참석하지 않았을 때, 엄마는 분리불안을 경험한다.

분리불안을 겪는 엄마의 모습은 마치 엄마에게 일하러

딸은 엄마의 감정 쓰레기통이 아니다

분리불안을 겪는 엄마의 모습은
마치 엄마에게 일하러 가지 말라고 보채는
아이와 비슷하다.

가지 말라고 보채는 아이와 비슷하다. 어쩌면 엄마가 된 그 여성은 사실 자신의 엄마에게 더 의지하고 싶은데, 엄마 대신 자식에게 그런 마음을 갖는 것일지도 모른다.

엄마의 분리불안을 연구한 발달심리학자 가쿠바리 게이코는 논문에서 이렇게 썼다.

> 엄마와 아이 사이의 관계는 엄마가 아이를 돌보는 일방적인 관계가 아니다. 양육자인 엄마는 자신과 떨어졌을 때 아이에게 무슨 일이 생기지는 않을까 우려하기도 하지만, 반대로 엄마 스스로 아이에게 의존하기도 한다.

그의 말에 따르면, 자녀에 대한 부모의 우려는 걱정, 의존은 서운함이라는 감정으로 이어진다. 걱정은 과잉보호 및 과잉간섭으로, 의존은 아이에게만 의지하는 상태로 발전한다. 그는 엄마의 분리불안을 극복하려면 배우자의 적극적인 지원이 필요하며, 일상에서 타인과 많은 대화를 나누어야 한다고 결론지었다.

딸은 엄마의 감정 쓰레기통이 아니다

아들에게 실연당하다

아들을 둔 엄마와 딸을 둔 엄마의 분리불안은 그 양상이 다르다. 2013년 5월 23일자 「아사히신문」에는 사춘기 자녀의 급작스러운 변화에 당황하는 엄마 이야기가 소개되어 큰 화제가 되었다. '아들에게 실연당한 엄마의 속마음'이라는 제목의 기사 중 일부를 옮겨본다.

> 나는 최근에 하루하루를 실연당한 기분으로 보냈다. 반항기에 접어든 중학교 1학년 아들에게 "구려", "짜증나"라는 말을 들었기 때문이다. 누구보다 엄마를 좋아하고 따랐던 아들. 함께 쇼핑하러 가면 손을 꼭 잡아주던 어린 연인이 어느 날 갑자기 손을 뿌리치는 것 같아, 마음이 아프다. 주위 사람들의 이야기를 들어보면 그런 기분을 느낀 엄마들이 나 말고도 많았다.

이 기사에는 '아들은 무심한 남편과 달리 나를 자상하게 챙겨주었다'거나, '반찬 투정 한 번 하지 않았다'는 엄마들의 아들 자랑이 언급된다. 이토록 다정했던 아들의 태도가 자라면서 갑자기 바뀌었고, 아들의 변화에 충격받은 엄마들은 이렇게 말했다.

"원래 아들은 나를 좋아했는데, 내가 먼저 다가가도 냉담한 태도로 일관하니 연인에게 영원히 버림받은 기분이에요. 아들에게 쏟은 사랑을 전부 거부당했다고 생각하니, 서글퍼져요."

나는 이 기사를 쓴 기자에게 인터뷰 요청을 받고, 사춘기에 접어든 아들이 엄마에게서 멀어지는 것은 순조롭게 성장하고 있다는 증거라는 상식적인 조언을 했다. 그리고 속으로 '아들에게 실연당한다'는 노골적인 표현에 공감하는 엄마는 별로 없을 것이라고 생각했다.

그런데 이 기사를 읽은 엄마들이 앞다투어 "나도 그래요!"라며 깊이 공감했고, 후속 기사가 나올 정도로 반응이 뜨거웠다. 연이어 다른 매체들도 이 주제를 대서특필하며, '아들에게 실연당한 엄마' 이야기는 꽤 화제가 되었다.

기사 속 이야기도 넓은 의미에서는 엄마의 분리불안이라고 할 수 있는데, 아들을 둔 엄마의 분리불안의 밑바탕에는 남성에 대한 시선이 존재한다. 아들은 유전적으로 엄마의 특징을 닮은 자식이면서, 동시에 어릴 때부터 엄마의 생각대로 키운 '이상적인 이성'이기도 하다. 그래서 아들을 둔 엄마는 아들을 통제할 수는 있지만, 근본적으로 자신과는 다른 존재라고 생각한다.

예를 들어, 식사를 마친 어린 아들이 "잘 먹었습니다"라고 하면 살짝 미소 짓고, "엄마가 해준 밥이 제일 맛있어!"라고 하면 활짝 웃는다. 그러면 아들은 이 상황을 학습해서 "엄마가 해준 밥보다 맛있는 건 세상에 없을 거야. 오늘 요리도 최고!"라고 점점 더 엄마를 크게 칭찬한다. 아이는 자라면서 엄마에게 칭찬받는 요령을 익히기 때문이다.

그러나 정성을 다해 키운 '이상적인 이성'도 본인의 가치관이나 의사가 분명해지는 10대 중반부터는 점차 변한다. 좋아하는 여학생이라도 생기면 아들은 엄마에게 칭찬받기보다 여학생에게 관심받고 싶어 한다.

엄마를 닮아 새카맣고 부드럽다며 마음에 들어하던 머리카락을 여자친구의 취향대로 노랗게 염색하고, 왁스를 덕지덕지 발라 엄마 앞에 나타날지도 모른다. 이제 아들이 더 이상 내 것이 아니라는 상실감을 엄마들은 '실연당했다'는 말로 표현한 셈이다.

"엄마 말 들으면 자다가도 떡이 생긴다"는 말의 의미

딸을 둔 엄마의 분리불안은 성격이 전혀 다르다. 엄마에게 딸은 아들처럼 이질적인 존재가 아니라, 자신의 복제 같은 존재다. 엄마는 아들에게서 '나와 다르다'는 설렘과 전율을 느끼지만, 딸에게는 '나와 같다'는 안도감을 느낀다.

딸을 낳으면 처음에는 경험해본 적 없는 육아에 대한 불안감이 크다. 하지만 아이가 자라면서 '그래, 어릴 때 나도 이랬지', '내가 이랬을 때 엄마는 이렇게 해줬어'라고 자신의 과거를 떠올린다. 그러다 결국에는 딸에 대해 다 안다고 생각하게 된다.

누구보다 딸을 잘 안다는 딸에 대한 자신감은 아들의 경우와는 달리 나이가 들어도 변함이 없다. 오히려 딸이 어른이 될수록 엄마는 과거의 자신을 떠올리며, 인생 선배

딸은 엄마의 감정 쓰레기통이 아니다

로서의 자부심을 키워간다. 그럴수록 딸은 절대 엄마 곁을 떠나지 않을 거라는 확신도 깊어진다.

그러나 아무리 엄마가 다 알고 있다고 착각해도, 딸이 엄마의 예상을 빗나가는 때는 오기 마련이다. 그때, 딸은 엄마의 기대가 아닌 자신의 생각이나 취향에 따라 행동한다. 그 시기는 아이마다 다르다. 초등학교에 들어가기도 전에 "나는 이렇게 하고 싶어!"라고 자신의 의사를 명확히 표현하는 딸도 있다. 그러면 엄마는 어떤 기분이 들까? 아들을 둔 엄마가 어린 연인에게 실연당했다고 좌절하는 것과는 달리, 딸을 둔 엄마는 기르던 개에게 물린 것 같은 충격을 받는다.

진료실에서 만난 한 여성은 이렇게 말했다.

"내가 수학자라서 막연히 딸도 같은 길을 걷게 해야겠다고 생각했어요. 그런데 초등학교에 들어간 딸의 시험지를 보고, 딸이 수학을 잘 못한다는 사실을 알게 되었죠. 수학 대신 딸은 그림 그리기를 좋아하고, 책도 그림책이나 만화책만 골라 읽어요. 나는 엄마인데도 딸을 전혀 몰랐어요. 솔직히 내심 '만화책 볼 시간에 공부를 더 했으면……' 하고 바라게 돼요. 도대체 어떻게 하면 좋을까요?"

그녀는 자신과는 다른 딸을 '외계인 같다'고 표현하며, 몇 번이나 믿을 수 없다는 말을 반복했다. 내가 "개성 있는 따님 같군요. 하지만 아이가 나와 똑같으면 재미없지 않을까요? 집안에 나와 다른 가족이 있으면 즐겁지 않나요?"라고 묻자, "그게 무슨 말씀이세요?"라며 놀란 표정을 지었다.

그녀는 딸의 성격이나 취향에 자신이 파악하지도, 개입하지도 못하는 부분이 있다는 점을 어떻게 받아들여야 할지 모르는 것 같았다. '딸은 미술에 재능이 있구나. 이건 내가 채워줄 수 없는 부분이야. 그럼 그 부분은 다른 사람에게 맡겨야겠다'라고 생각하며 딸에게서 손을 놓지 못하고, 계속해서 딸이 자신처럼 수학을 공부하기를 바랐다.

전형적인 양상은 아니지만, 이것도 엄마의 분리불안의 일종이다. 딸에 대해 모르는 부분이 있다는 것은, 딸에게 엄마가 꼭 필요한 존재는 아니라는 뜻이기도 하다. 딸에 대해 전부 안다고 믿어 의심치 않았던 엄마에게 그 사실은 더 이상 존재의 이유가 없다는 선고로 받아들여진다.

딸은 엄마의 감정 쓰레기통이 아니다

"엄마 말을 잘 들으면 자다가도 떡이 생겨.
넌 엄마가 없으면 아무것도 못하잖니.
잘 생각했어."

이번에는 딸의 입장에서 생각해보자. 엄마가 자신의 다른 점을 발견하고 엄마처럼 행동하기를 바라더라도 "내버려 둬!"라고 반박하며 가던 길을 계속 가는 딸은 문제없다.

하지만 이런 딸도 있다. 자신이 원하는 대로 하려고 했는데, 옆을 돌아보니 엄마가 불안한 표정으로 서 있다. 그 모습을 본 순간, 엄마를 두고 떠나면 나쁜 딸이라는 죄책감이 생긴다. 죄책감은 엄마에 대한 미안함에서 나아가, 엄마를 거스르는 행동을 하면 언젠가 엄마처럼 자신도 소중한 누군가에게 버려질지도 모른다는 공포로 이어진다. 겁에 질린 딸은 엄마의 기대에 부응하겠다고 결심하고, 자신의 길을 걷기를 포기한다. 그러면 엄마는 자신의 분리불안이 해소되었다는 기쁨에 취해 이렇게 말한다.

"엄마 말을 잘 들으면 자다가도 떡이 생겨. 넌 엄마가 없으면 아무것도 못하잖니. 잘 생각했어."

물론 이 말은 딸을 위한다기보다 자기 자신을 긍정하기 위한 말이다. 게다가 엄마는 본인이 딸의 홀로서기를 막았다는 사실을 자각하지 못한 채, 딸이 스스로 독립을 포기했다고 생각하고 "넌 역시 아직 어려"라는 말로 딸이 성숙

딸은 엄마의 감정 쓰레기통이 아니다

하지 못했음을 강조한다.

그런 말을 들은 딸도 '나는 엄마를 위해 독립을 포기한 거야'라고 생각하지 않고 '이렇게 된 건 다 내가 못나서 야'라며 자신의 능력 부족이나 의지박약의 문제라고 자책한다.

이렇게 해서 점점 겉으로는 지배처럼 보이는 엄마의 의존이 강해진다. 사실 엄마가 그동안 쭉 딸에게 의존했음에도 딸은 자신이 엄마에게 의존했다고 생각한다.

딸의 인생을 돌려세운 엄마의 한마디

딸과의 분리불안을 갖고 사는 엄마가 자신에게서 멀어지면 큰일 난다는 무언의 협박을 하면, 딸은 자기를 버리지 말라며 엄마에게 매달린다. 이런 관계는 유아기, 청소년기를 지나 성인이 되어서도 지속된다.

대학교수이기도 한 나는 취업을 앞둔 여학생들의 진로 상담을 하면서 이런 관계의 모녀를 자주 만났다. 일본 기업은 계약 등의 중요한 업무를 담당하는 '종합직'과 보조

업무를 담당하는 '일반직'을 나누어 모집한다.

대기업의 일반직과 중소기업의 종합직에 동시에 합격한 여학생이 있었다. 본인은 규모는 작지만 회사의 핵심 업무를 경험할 수 있는 중소기업 종합직을 택하고 싶어 했지만, 엄마가 무심코 뱉은 이 한마디에 마음을 바꿨다.

"엄마는 그런 회사 들어본 적도 없어."

그리고 엄마는 "넌 대기업에도 합격했잖니" 하고 아무렇지 않게 말했다. 대기업은 종합직이 아니라 일반직에 합격했다고 설명하자, 엄마는 곧이어 반박했다.

"남들한테 종합직이 아니라 일반직이라고 일일이 설명할 것도 아닌데 뭐. 신경 쓸 필요 없어. 딸이 큰 회사에 다닌다고 말할 상상을 하니까 엄마도 체면이 서는데? 친척들 중에는 대기업에 다니는 사람이 한 명도 없으니 삼촌이랑 숙모도 엄청 부러워할 거야. 하루 종일 남편 자식 자랑만 늘어놓는 고모가 들으면 얼마나 놀랄까? 친척들한테 연락할 생각하니까 기대된다!"

이렇게 두 팔 벌려 기뻐하는 엄마를 본 딸은 대기업 일반직에 입사하기로 했다.

딸은 엄마의 감정 쓰레기통이 아니다

같은 업종에서 진로를 바꾼 학생은 그나마 나은 경우다. 예전에 상담했던 여학생은 영상 제작을 하고 싶어서 제작 프로덕션 몇 군데에 채용 시험을 보았다. 그녀는 현장에서 영상을 촬영하고 싶다는 뚜렷한 꿈이 있었기에 다른 직종으로는 눈을 돌리지 않았다. 그녀가 지원한 제작 프로덕션은 업계에서 유명한 곳이었지만, 업계 종사자가 아닌 사람들은 잘 모르는 회사였다.

노력 끝에 그녀는 원하던 제작 프로덕션의 합격 통지를 받았다. 뛸 듯이 기뻐하며 엄마에게 연락을 했는데, 전화를 받은 엄마의 첫마디는 "그 회사 뭐하는 데야? 처음 들어보는 회사네"였다. 축하하기는커녕 "세계 곳곳을 다니며 영상을 찍는다니. 위험하지 않을까?" 같은 엉뚱한 질문을 계속하는 바람에 학생은 이내 풀이 죽었다.

그래도 그녀는 하고자 하는 일이 확실했기 때문에, 엄마의 잔소리에도 굴하지 않고 자신의 길을 갈 거라고 예상했다. 그러나 결국 그녀는 엄마의 실망과 걱정 때문에 프로덕션 취직을 포기하고, 부모님이 소개해준 관청 사무원으로 일하게 되었다.

직업에는 귀천이 없으며, 진로 선택은 그 사람의 자유다. 하지만 처음에는 자신에게 맞는 일을 주체적으로 탐색하다가 꿈을 이루기 직전에 엄마의 사소한 한마디, 그것도 확실한 정보에 근거하지 않은 감정적인 말에 흔들려 인생의 방향을 정반대로 바꾸어버리는 학생을 볼 때면 교수 입장에서 너무나도 안타깝다.

의지하는 사람은 내가 아니라 너야!

엄마의 잔소리는 실망이나 걱정이 아닌 지극히 단순한 생각에서 비롯된 경우도 있다. 내가 만난 20대 여성은 합격 통지를 받은 회사 중 한 군데가 긴자에 위치한 곳이었다. 그 사실을 안 엄마는 "거기 가면 어때? 너 퇴근할 때까지 엄마가 기다렸다 같이 밥 먹으면 되겠다! 엄마 긴자 엄청 좋아하잖아"라며 함박웃음을 지었다. 그녀는 엄마의 권유대로 긴자에 있는 회사를 선택했는데, 입사 후 자신이 두고두고 후회할 선택을 했음을 알았다.

그녀는 회사를 다니면서 단 한 차례도 엄마와 식사를 하

딸은 엄마의 감정 쓰레기통이 아니다

지 못했다. 쉴 새 없이 바쁜 회사에서 야근을 밥 먹듯 하는 그녀에게 엄마와 만날 시간은 나지 않았다. 엄마는 딸에게 그 회사로 가라고 권유한 사실은 까맣게 잊고 "왜 이렇게 일을 많이 시켜? 그 회사 제정신이니?"라고 회사를 비난하기 시작했다.

그러던 중, 그녀는 출근길에 공황발작을 일으켜 나를 찾아왔다. 왜 본인에게 더 맞는 회사를 가지 않았는지 묻자, 그때는 엄마 말을 무시하고 다른 회사를 선택하면 큰일 나는 줄 알았다는 대답이 돌아왔다.

'큰일 나는 줄 알았다'는 그녀의 말은 단순히 실수에 대한 두려움과는 다른 차원을 뜻한다. 그녀의 엄마는 딸을 키우는 일이야말로 본인이 살아 있다는 증거라고 생각했을 것이다. 즉 심리적으로 육아에 의존했던 것이다.

하지만 엄마가 "나는 스스로 내 인생을 버텨낼 수 없어서 누군가에게 의존해야 했다. 그래서 딸을 내 생각대로 키우는 일을 성공의 증거로 삼을 수밖에 없었다"라고 인정하기는 쉽지 않다. 그렇게 인정할 수 있는 사람이었으면 처음부터 딸에게 의존하지 않고 주체적으로 자신의 인생을 살았을 것이기 때문이다.

딸에 대한 의존을 인정할 수 없었던 엄마는 머리를 써서 관계의 구도를 바꾸어야 했다. 그래서 '의존하는 사람은 내가 아니라 너'라는 메시지를 계속 딸에게 보내고, 딸이 엄마를 의지하거나 서로가 서로에게 의존하는 상호 의존 관계를 만들어냈다.

이 구도가 성립되면 실제로 자신을 필요로 한 사람은 엄마인데도 딸은 '나는 엄마가 없으면 살 수 없어. 엄마에게서 멀어지면 큰일 나'라고 생각하며 엄마 품을 벗어나지 못하게 된다.

딸은 엄마의 감정 쓰레기통이 아니다

엄마의 말에 휘둘리지 않는
'감정 라벨링'

3장에서는 엄마의 분리불안을 다루었습니다. 어른이 된 딸은 엄마의 그늘에서 벗어나, 자신의 삶을 개척하고 싶어 합니다. 딸이 떠날까 두려운 엄마는 딸에게 반복적으로 '엄마에게서 멀어지면 큰일 난다'는 메시지를 전달합니다.

그러면 딸의 마음속에는 한바탕 소란이 일어납니다. 엄마를 배신했다는 죄책감, 엄마에게 버림받을지도 모른다는 공포 등 종잡을 수 없는 감정에 휩싸이게 되지요.

괴로워하던 딸은 결국, 자신의 뜻대로 살기를 포기하고 엄마를 따르게 됩니다.

자신의 감정을 제대로 파악할 수 있다면, 엄마의 메시지에 휘둘리지 않고 자신의 길을 갈 수 있을 것입니다. 이때 필요한 기술이 바로 '감정 라벨링Emotional labeling'입니다.

감정 라벨링이란, 말 그대로 감정에 이름을 붙여주는 것입니다. 내가 느끼는 감정을 그냥 흘려 보내지 않고 '이 감정은 이런 감정'이라고 규정짓는 것이지요. '나는 지금 분노를 느껴', '내가 느끼는 감정은 슬픔이야'라는 식으로 말입니다.

감정 라벨링을 처음 소개한 사회신경과학의 권위자 매튜 리버만은 감정에 이름을 붙이는 작업이 불필요한 감정 소모를 멈추고, 평정심을 찾는 데 도움을 준다고 말합니다. 뇌의 기능 중 브레이크 역할을 하는 부위를 활성화시키기 때문이지요.

하루에도 몇 번씩 엄마의 말에 마음이 흔들린다면, 불안한 내면을 가만히 들여다보세요. 그리고 당신이 느끼는 감정에 이름을 붙이며, 마음의 균형을 잡아보세요.

To do list

엄마의 말과 행동에
마음이 복잡해졌던 경험을 떠올려보세요.

_____

_____

_____

_____

_____

그때 어떤 감정을 느꼈나요?
감정에 이름을 붙여보세요.

_____

_____

_____

_____

_____

Part 2

가까운 만큼 상처받기 쉬운
모녀관계 심리학

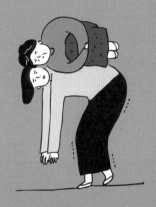

Chapter 4

• 애착 •

엄마와 거리를 두고 싶다면

엄마를 배신했다는 죄책감에 사로잡힐 때는
스스로에게 이렇게 말하라.
'방금 나는 인생을 나답게 살아가는 데
필요한 경비를 지불했다'라고.

엄마와의 거리 두기가 어려운 이유

엄마와 딸은 각자 나름의 욕구를 지닌 타인이다. 하지만 이 사실을 인정하지 않고 딸을 자신의 분신이라 여긴 엄마는, 딸의 인생을 지배하고 통제한다. 엄마의 과잉보호와 과 잉간섭은 딸에게 의존하는 마음과 딸에게 버려질지도 모른다는 불안에서 시작된다. 하지만 어느새 엄마의 말 한마디는 딸의 의욕이나 정열을 모조리 앗아갈 정도의 강한 영향력과 파괴력을 지니게 된다.

엄마의 말과 행동이 딸의 인생을 뒤흔든 결과, 우울증 증상을 호소하는 딸들이 많아졌다. 엄마 때문에 생기는 우울증은 딸의 나이, 생활환경에 관계없이 생긴다.

엄마의 말을 적당히 거절하고 거리를 두는 것밖에는 해결책이 없다고 조언하면, 다른 사람들은 그건 당연하다고 생각한다. 하지만 막상 엄마의 지배를 받는 딸은 엄마와 적당한 거리를 두는 것조차 나쁜 일이라고 생각한다. 그리고 이렇게 고착된 엄마와의 관계를 어느 순간 끊으면 딸에게도, 엄마에게도 큰 고통이 따른다.

『사는 게 뭐라고』등의 에세이로 한국에도 널리 알려진 작가 사노 요코의 에세이『시즈코 상』은 엄마로 인한 우울증으로 고통받는 많은 여성들의 뜨거운 공감을 얻은 책이다. 이 책이 출간된 2008년, 사노 요코는 일흔 살이었다. 그녀의 엄마는 2006년에 아흔셋의 나이로 세상을 떠났다.

치매를 앓던 그녀의 엄마는 실버타운에서 생활했는데, 아픈 엄마를 돌보며 사노 요코는 처음으로 엄마와 나름대로 화해했다고 생각했다. 그러나 그때는 본인 역시 암 투병 중으로, 엄마의 장례식에 휠체어를 타고 참석했을 정도로 몸이 좋지 않았다.

책에서 사노 요코는 특유의 덤덤한 시선으로 엄마 '시즈코 씨'에 대해 말한다. 다정한 사람이었던 그녀의 엄마는, 유독 딸에게만 차갑게 대했다. 네 살짜리 딸이 엄마 손을 잡으려고 하면, 매몰차게 뿌리치곤 했다.

딸은 엄마의 감정 쓰레기통이 아니다

엄마와 딸은 각자 나름의 욕구를 지닌 타인이다.
하지만 이 사실을 인정하지 않고
딸을 자신의 분신이라 여긴 엄마는
딸의 인생을 지배하고 통제했다.

그녀의 엄마는 외출할 때는 직접 만든 원피스를 입혔지만, 집에서는 물 길어오기, 장작 줍기, 기저귀 빨기 등을 시키며 딸을 계속 부려먹었다. 그녀는 당연히 엄마에게 진심 어린 애정을 가질 수 없었다. 그래도 부모 자식 간의 연을 끊지 못한 채 멀지도, 가깝지도 않은 관계를 유지했다.

노인이 된 엄마는 사노 요코가 찾은 고급 실버타운에 들어가게 되었다. 매달 300만 원 이상의 비용도 그녀의 몫이었다. 그것만으로도 주위에서는 효녀라고 했지만, 정작 그녀 자신은 '나는 사랑 대신 돈을 지불했다'고 생각하며 강한 죄의식을 느꼈다.

그녀를 평생 지배한 것은 자신을 학대한 엄마에 대한 원망이 아니라, 그런 엄마를 사랑할 수 없다는 죄책감과 자기혐오였다. 다음은 『시즈코 상』 속 사노 요코의 고백이다.

나는 엄마를 좋아하지 않는다는 자책감에서 벗어나지 못했다. 열여덟 살 때 도쿄로 온 후에도 그랬고, 엄마에게 살갑게 굴지 못했던 때도 죄책감이 가슴을 짓눌렀다.

딸은 엄마의 감정 쓰레기통이 아니다

사노 요코는 치매 증상이 악화되어 딸의 얼굴조차 몰라보는 엄마를 틈날 때마다 찾아가 "미안해요, 엄마. 미안해요!"라고 눈물을 흘리며 사죄했다. 엄마는 잠깐 제정신이 돌아왔는지 "나야말로 미안하다"라고 대답했고, 그 말을 들은 그녀는 엄마에게 용서받았다는 생각에 기뻤다. 그러나 그 무렵 사노 요코는 암에 걸렸고, 엄마도 곧 세상을 떠났다.

자책감에서 벗어나 앞으로 평온한 마음으로 남은 인생을 살아야겠다고 생각했을 때, 엄마와 딸에게 남은 시간은 거의 없었다. 문체가 우울하지 않고 사노 요코 특유의 유머도 있어서 비참한 기분은 들지 않는 책이지만, 모녀의 이야기만 두고 보면 이만큼 안타까운 사연도 없다.

엄마를 배신했다는 자책감

사노 요코는 어린 시절부터 엄마에게 의존하지 않고 스스로 자신의 인생을 개척했지만, 엄마가 세상을 떠나기 직전까지 엄마를 버렸다는 자책감에 시달렸다. 엄마를 사랑하지 않는다는 죄책감이 더해지면 엄마로 인한 우울증은 회복하기 어려워진다.

엄마에게 죄책감을 갖는 딸의 이야기를 다룬 영화 「사랑을 바라는 사람」이 일본에서 화제가 된 적이 있다. 영화에는 엄마의 학대에서 벗어나기 위해 가출한 딸이 등장한다. 딸은 엄마가 기분 좋을 때 무심코 내뱉은 "넌 머리를 잘 빗어"라는 말에 이끌리듯 미용사가 되고, 성인이 된 후 다시 엄마를 찾는 여행을 시작한다. 그녀의 마음속에는 엄마에 대한 원망이 아니라 엄마를 버렸다는 죄책감이 자리 잡고 있었다.

미국에서도 같은 주제의 영화가 개봉했다. 자넷 피치의 베스트셀러 소설을 영화화한 「화이트 올랜더」다. 이 영화에서 예술가인 엄마는 어느 날 남자친구를 살해하고 종신형으로 수감된다. 홀로 남겨진 딸은 양부모에게 입양된다.

엄마밖에 모르던 딸은 점차 새로운 생활에 적응해간다. 그런데 교도소에 면회를 가서 만난 엄마는 딸에게 "그런 생활은 너에게 좋지 않아"라고 부정적으로 말한다. 그러자 딸은 엄마의 말대로 이렇게 살면 안 되겠다고 생각하고,

딸은 엄마의 감정 쓰레기통이 아니다

양부모의 집을 떠난다. 엄마가 바라지 않는 생활을 즐기는 것은 나쁜 짓이라는 죄책감 때문이었다. 객관적으로 보면 죄책감을 느껴야 하는 사람은 딸을 홀로 두고 교도소에 복역 중인 엄마인데, 딸은 전혀 그렇게 생각하지 않았다.

가족 문제의 1인자라 할 수 있는 심리상담사 노부타 사요코의 저서 『엄마가 부담스러워 견딜 수 없다』는 엄마의 지배를 받는 딸을 위한 책이다.

엄마가 딸의 진학, 취직, 결혼, 자신의 간병부터 사후의 문제까지 인생의 중요한 순간에 개입하는 모습을 생생하게 그리며, "분노의 감정을 인정하고 말로 표현하라", "이해받기를 포기하라" 등 딸에게 주는 현실적인 조언을 담았다.

노부타 사요코는 엄마와 거리를 둔 후에 느낀 죄책감에 대해 이렇게 말했다.

쓸쓸하게 혼자 있는 엄마에게 분노의 감정을 갖는 것도 나의 이기심 때문 아닐까? 엄마의 말에 위화감이나 혐오감을 느낄 때마다 이렇게 그보다 두세 배 더 강한 죄책감이 끓어올라 당신을 괴롭혔을 것이다.

엄마의 말에 위화감이나 혐오감을 느낄 때마다
그보다 두세 배 더 강한 죄책감이 끓어올라
당신을 괴롭혔을 것이다.

그녀는 이러한 죄책감이 딸이라면 필연적으로 느낄 수밖에 없는 감정이라고 했다. 엄마를 버리거나 배신했다는 죄책감으로 힘들어하는 딸들에게 그녀는 '죄책감을 없애려 노력하는 대신, 그 죄책감은 앞으로 인생을 살아가기 위한 필요경비라고 생각하라'며 이렇게 덧붙였다.

> 죄책감에 사로잡힐 때는 '인생을 나답게 살아가는 데 필요한 경비를 지불했다'고 스스로에게 말하라. 경비가 꽤 들었다면 그 다음에는 어떻게 극복할지 생각해보라.

지금까지 딸의 입장에서 모녀관계를 바라본 책이나 영화를 주로 소개했지만, 엄마의 입장에서 쓴 책도 있다. 일본의 교육실천활동가인 다카하마 마사노부는 그의 저서 『고독한 엄마 사회 : 엄마여, 당신은 나쁘지 않다!』에서 핵가족화, 남편의 무관심 등으로 아이의 양육을 혼자 떠맡게 된 엄마를 '고독한 엄마'로 정의하며, 모녀의 문제를 사회적 관점에서 다루었다.

극단적인 사례이긴 하지만 '고독한 엄마' 중에는 육아에 무관심하거나 좀체 집 밖으로 나가지 않는 은둔형 외톨이로 지내며, 아이를 학대하거나 심지어 살해하는 엄마도 있다고 한다. 저자는 교육 현장에서 활동하면서 고독한 엄마 밑에서 자란 아이를 돌보고, 그 아이들이 자라 고독한 부모가 되지 않도록 힘쓰고 있다.

하지만 이 책의 제목만 보고 '내가 문제가 아니었구나' 하고 스스로 책임을 면하려는 엄마, 반대로 '내가 나빴구나' 하고 죄책감을 키우는 딸이 생기지는 않을까 조금 걱정이 된다.

왜 아들이 아닌 딸만 미안해할까?

아들에게 엄마로 인한 우울증이 생기는 경우는 거의 없다. 오히려 아들에게 무한한 애정을 쏟다가 거부당한 엄마가 우울증에 걸리는 경우가 훨씬 더 많다. 딸만 엄마에게 지배당하고, 엄마를 미워한다는 사실에 죄책감을 느끼는 이유는 무엇일까? 이 문제의 밑바탕에는 '여자로 태어났다는 죄책감'이라는 감정이 숨어 있다.

딸은 엄마의 감정 쓰레기통이 아니다

앞서 소개한 사노 요코는 『시즈코 상』에서 그녀 바로 위의 오빠가 세상을 떠난 이후, 엄마의 학대가 시작되었다고 밝힌 바 있다. 사노 요코는 '엄마 입으로 직접 말하지는 않았지만, 엄마는 차라리 오빠 대신 내가 죽었더라면 좋았을 거라고 생각했던 것 같다'고 쓰고 있다.

남아선호사상이 팽배했던 시대에 태어나고 자란 딸들 중 다수는 그녀와 비슷한 생각을 한 경험이 있다. 아직까지도 '나는 딸이 아니라 아들로 태어났어야 했는데……', '내가 여자여서 미안하다' 같은 죄책감을 무의식중에 갖고 사는 딸들이 많다.

남성이 가문의 대를 잇는 제도가 사라진 요즈음에는 결혼하면 부모와 데면데면해지는 아들보다 결혼 후에도 부모를 세심하게 보살피는 딸이 낫다고 여겨진다. 하지만 오늘날까지도 딸들의 마음 깊은 곳에는 여자로 태어났다는 죄책감이 남아 있다.

나 역시 남동생이 태어나기 전까지 몇 번이나 할머니나 주변 사람들에게 "너는 배짱이 두둑한데, 여자라서 못내 아쉽다. 네가 남자였으면 좋으련만"이라는 말을 듣고, '여자로 태어나면 안 되는 이유라도 있는 걸까? 여자는 배짱이 두둑하면 안 돼? 난 왜 모두를 기쁘게 하지 못할까?'라고 생각했던 적이 있다.

부모, 특히 엄마들 중에는 집안 분위기와는 관계없이 지금도 '딸보다는 아들'이라는 생각을 마음 한구석에 갖고 있는 사람도 적지 않다. 딸과 아들을 둔 친구가 "친구 사이니까 말하지만" 하고 뜸을 들이다 조심스레 이런 이야기를 꺼낸 적이 있다.

"아이들한테는 절대 이렇게 말 못 하지만, 아들한테 관심이 더 가는 건 사실이야. 물론 딸도 예쁘지만 아무래도 나랑 자꾸 비교하게 되더라고. 딸의 어떤 점이 나의 단점과 비슷하다고 느껴지는 순간, 나를 보는 것 같아 싫을 때가 있어. 반대로 나보다 뛰어난 부분이 보이면 질투심이 생기더라니까.

그런데 아들은 나와 다른 존재라고 생각해서 그런지 아들에게는 우월감도, 열등감도 느껴지지 않고 그냥 무조건 사랑스러워. 이건 논리적으로 설명할 수 없는 감정이야."

만약 엄마가 이 말에 어느 정도 공감한다면, 엄마의 속

딸은 엄마의 감정 쓰레기통이 아니다

마음을 알아차린 민감한 딸은 여자라는 이유로 엄마에게 미안하다고 생각하지 않을까?

그렇다면 딸의 죄책감은 어떻게 해소할 수 있을까? 공부나 일에서 누구도 트집 잡지 못할 정도로 확실하게 성공해, 엄마가 이 정도면 충분하다고 만족하도록 만들면 될 것 같다. 하지만 현실적으로 그 정도의 성과를 얻기는 쉽지 않다.

그럼 아들을 낳아 엄마에게 "엄마의 손자야" 하며 보여주면 마음이 한결 가벼워질까? 당장은 그럴 수도 있겠지만, 이번에는 엄마가 된 딸이 자신의 아들을 엄마에게 빼앗기고 고립될 수 있다.

여자로 태어나서 미안하다는 죄책감을 없애는 건 생각처럼 간단하지 않다. 하지만 이 죄책감에서 벗어나지 않는 한, 엄마로 인한 우울증에서 벗어나기는 어렵다.

모녀 사이 거리를 결정짓는 애착관계

여자로 태어나서 미안하다는 생각에 사로잡힌 딸은 어릴 때부터 엄마가 자신을 버리지는 않을까 불안해한다. 그러나 한편으로는 버림받을까 두려워하는 쪽이 사실 엄마임을 안다. 딸이 엄마 없이는 못 산다며 의존하도록 엄마가 교묘히 자신을 대한다는 사실을 알아차리기도 한다.

그런 엄마를 비겁하다고 생각하면서도, 불만을 말하는 순간 엄마가 자신을 정말 뿌리칠지도 모른다는 공포 때문에 딸은 끝내 그 감정을 삼킨다. 어른이 되면, 설령 엄마가 기분이 나빠져 딸을 외면해도 엄마에게 버려질까 봐 두려워하는 딸은 거의 없다. 버림받는 것을 두려워하는 때는 유아기나 학창 시절뿐이다.

그러나 최근 30년 동안의 연구에 따르면, 어린 시절에 엄마에게 갖는 감정은 어른이 된 후 타인과 관계 맺는 방식에 영향을 미친다고 한다. 이 같은 연구의 권위자는 발달 심리학자인 메리 에인스워스이며, 그가 발표한 이론을 '애착 이론'이라고 한다. 에인스워스는 아이가 양육자에게 갖는 감정을 '애착', 애착을 나타내기 위한 행동을 '애착 행동'이라고 정의한다.

그는 양육자와 떨어졌을 때와 다시 만났을 때 아이의 모습을 관찰했다. 관찰 결과를 바탕으로 그는 아이의 애착 유형을 회피형, 안정형, 불안형, 무질서·무방향형의 네 가지로 나누었다. 네 가지 애착 유형의 특징은 다음과 같다.

아이의 애착 유형

❖회피형 : 양육자와 떨어져도 혼란스러워하지 않으며, 평소에도 양육자와 거리를 둔다

❖안정형 : 양육자와 떨어지면 혼란스러워하지만, 다시 만나면 바로 평온해진다

❖불안형 : 양육자와 떨어졌을 때 심하게 혼란스러워하며, 다시 만나도 양육자에게 부정적인 감정을 갖는다.

❖무질서·무방향형 : 양육자에게 가까이 다가서다가도 멀어지며, 부자연스럽고 타이밍이 어긋나는 행동을 보인다.

에인스워스의 연구 이후, 심리학자들은 애착 이론을 어린아이뿐 아니라 어른에게도 적용할 수 있다는 사실을 발견했다. 아이가 20세가 될 때까지 오랜 시간에 걸친 조사 결과, 어린 시절과 20세 때의 애착 유형은 3분의 2라는 높은 확률로 일치했다.

어른의 애착 유형은 주로 앞서 본 아이의 네 가지 애착 유형 중 '회피'와 '불안'의 두 가지 척도로 설명할 수 있다. '회피'는 의지할 사람은 자기 자신뿐이라는 생각 및 타인과 거리를 두는 정도, '불안'은 친한 사람에 대한 강한 친밀함의 욕구 및 관계의 불안한 정도로 각각 설명된다. 어른의 애착 유형 역시 네 가지가 있다. 자신이 무슨 유형에 속하는지 알고 싶다면, 아래의 '성인 애착 유형 질문지'를 참고하라.

성인 애착 유형 질문지[1]

· 다음의 36문항은 성인의 애착 유형을 알아보기 위한 질문이다.

· 질문을 읽은 후, 1~5 중 평소 경험이나 생각에 비추어 가장 적절하다고 판단되는 숫자에 표시한다. 문항 내용이 현재 상태에 해당되지 않는다면, 일반적인 관계에서 자신의 경험을 바탕으로 응답한다.

· 뒤에 ※표시가 있는 문항들은 역채점 문항이다. 점수를 매길 때 '전혀 그렇지 않다'는 5, '매우 그렇다'는 1로 계산한다.

딸은 엄마의 감정 쓰레기통이 아니다

문항		전혀 그렇지 않다	그렇지 않다	보통 이다	거의 그렇다	매우 그렇다
1	내가 얼마나 호감을 가지고 있는지를 상대방에게 보이고 싶지 않다	1	2	3	4	5
2	나는 버림을 받을까봐 걱정하는 편이다	1	2	3	4	5
3	나는 다른 사람과 가까워지는 것이 매우 편안하다※	5	4	3	2	1
4	나는 다른 사람과의 관계를 많이 신경쓰는 편이다	1	2	3	4	5
5	상대방이 나와 막 친해지려고 할 때, 꺼려하는 나를 발견한다	1	2	3	4	5
6	내가 다른 이들에게 관심을 가지는 만큼 그들이 나에게 관심을 가지지 않을까 봐 걱정된다	1	2	3	4	5
7	나는 다른 사람이 나와 아주 가까워지려 할 때 불편하다	1	2	3	4	5
8	나는 나와 친한 사람을 잃을까봐 걱정이 된다	1	2	3	4	5
9	나는 다른 사람에게 마음을 여는 것이 편하지 않다	1	2	3	4	5
10	나는 종종 내가 상대방에게 호의를 보이는 만큼 상대방도 그렇게 해주기를 바란다	1	2	3	4	5
11	나는 상대방과 가까워지기를 원하지만, 금세 생각을 바꾸어 그만둔다	1	2	3	4	5

12	나는 상대방과 하나가 되기를 원하기 때문에, 때로 상대방이 나에게서 멀어진다	1	2	3	4	5
13	나는 다른 사람이 나와 너무 가까워졌을 때 예민해진다	1	2	3	4	5
14	나는 혼자 남겨질까봐 걱정된다	1	2	3	4	5
15	나는 다른 사람에게 내 생각과 감정을 이야기하는 것이 편안하다※	5	4	3	2	1
16	지나치게 친밀해지고자 하는 욕심 때문에 때때로 사람들이 부담을 느껴 나에게서 거리를 둔다	1	2	3	4	5
17	나는 상대방과 너무 가까워지는 것을 피하려 한다	1	2	3	4	5
18	나는 상대방에게 사랑받고 있다는 것을 자주 확인받고 싶어 한다	1	2	3	4	5
19	나는 다른 사람과 비교적 쉽게 가까워진다※	5	4	3	2	1
20	가끔 내가 상대방에게 더 많은 애정과 헌신을 보여줄 것을 강요한다고 느낀다	1	2	3	4	5
21	나는 다른 사람에게 의지하기가 어렵다	1	2	3	4	5
22	나는 버림받는 것에 대해 그다지 걱정하지 않는다※	5	4	3	2	1

딸은 엄마의 감정 쓰레기통이 아니다

23	나는 다른 사람과 너무 가까워지는 것을 좋아하지 않는다	1	2	3	4	5
24	나는 상대방이 나에게 관심을 보이지 않으면 화가 난다	1	2	3	4	5
25	나는 상대방에게 모든 것을 이야기한다※	5	4	3	2	1
26	내가 원하는 만큼 가까워지는 것을 원치 않음을 상대도 안다	1	2	3	4	5
27	나는 대개 다른 사람에게 내 문제와 고민을 상의한다※	5	4	3	2	1
28	나는 다른 사람과의 교류가 없을 때 다소 걱정스럽고 불안하다	1	2	3	4	5
29	다른 사람에게 의지하는 것이 편안하다※	5	4	3	2	1
30	상대방이 내가 원하는 만큼 가까이에 있지 않을 때 실망한다	1	2	3	4	5
31	나는 상대방에게 위로나 조언, 또는 도움을 청하지 못한다※	5	4	3	2	1
32	내가 필요로 할 때 상대방이 거절하면 실망한다	1	2	3	4	5
33	내가 필요로 할 때 상대방에게 의지하면 도움이 된다※	5	4	3	2	1
34	상대방이 나에게 불만을 표시할 때, 나 자신이 정말 형편없게 느껴진다	1	2	3	4	5

| 35 | 나는 위로와 확신을 비롯한 많은 일을 상대방에게 의지한다※ | 5 | 4 | 3 | 2 | 1 |
| 36 | 상대방이 나를 떠나서 많은 시간을 보냈을 때 불쾌하다 | 1 | 2 | 3 | 4 | 5 |

점수 계산법

회피 점수: 홀수 문항 점수를 더해서 18로 나눈다.

불안 점수: 짝수 문항 점수를 더해서 18로 나눈다.

회피 점수 2.33 미만, 불안 점수 2.61 미만 ▶ 자율·안정형

회피 점수 2.33 미만, 불안 점수 2.61 이상 ▶ 의존형

회피 점수 2.33 이상, 불안 점수 2.61 미만 ▶ 거절·회피형

회피 점수 2.33 이상, 불안 점수 2.61 이상 ▶ 공포·회피형

네 가지 애착 유형의 특징은 다음과 같다.

어른의 애착 유형

❖자율·안정형 : 스스로 타인에게 사랑받을 가치가 있는 사람이

딸은 엄마의 감정 쓰레기통이 아니다

라고 느낀다. 타인과 어렵지 않게 친밀한 관계를 맺을 수도 있다.
(불안과 회피 모두 낮음)

❖의존형 : 지나치게 타인과 친밀한 관계를 맺고 싶어 하지만, 정작 자신은 남에게 도움이 되지 않는 사람이라고 생각한다. 타인의 평가에 따라 자신의 행복이 좌우된다. 거절당하거나 버림받는 것을 극도로 두려워한다. (불안이 높고, 회피가 낮음)

❖거절·회피형 : 스스로에 대한 자신감은 있지만, 타인을 믿지 않는다. 타인과 거리를 두고 애착 행동을 최소한으로 억제하려고 한다. (불안이 낮고, 회피가 높음)

❖공포·회피형 : 학대 등의 애착 관련 트라우마를 경험하여, 상대에게 거절당할 것이라고 미리 예측하고 애착에 근거한 관계를 처음부터 거부한다. (불안과 회피 모두 높음)

　자율·안정형에 속하는 사람은 엄마는 물론이고 타인과 관계를 맺기가 다른 유형의 사람들보다 수월하다. 정도의 차이는 있지만 대체로 의존형, 거절·회피형, 공포·회피형의 애착 유형을 가진 사람은 인간관계를 맺기 불편해하는 경우가 많다.

하지만 세 가지 애착 유형 모두 문제가 있는 성격은 아니다. 이것은 어디까지나 대인관계의 유형이며, 한 사람 안에서도 여러 유형이 공존할 수 있다. 같은 사람이 남자친구에게는 의존형으로 대하지만, 직장 동료에게는 공포·회피형으로 대할 수도 있는 것이다.

정신과 의사인 오카다 다카시는 그의 책에서 어린 시절의 애착 유형이나 어른이 된 후의 인간관계 유형이 그 사람 인생의 장애가 된 경우를 '애착장애'라고 하며, 이렇게 주장했다.

> 애착장애는 아이들뿐 아니라 어른에게도 잠재되어 그들의 행동을 좌지우지하고, 때로는 인생을 위험한 방향으로 이끈다. 애착 유형은 대인관계뿐 아니라 삶의 근본이 되는 여러 가지 부분에 영향을 끼친다.

아동 학대 문제를 연구한 정신과 의사 스기야마 도시로도 이렇게 말했다.

딸은 엄마의 감정 쓰레기통이 아니다

"애착은 대인관계의 기반일 뿐 아니라, 자율적 정서 조절의 기반이다. 애착 행동은 유아가 불안할 때 양육자를 통해 그 불안을 해소하는 행위이기 때문이다. 애착 행동을 반복하면서 양육자는 유아에게 내재화되어, 양육자가 당장 눈앞에 존재하지 않아도 유아는 불안해하지 않는다."[2]

그는 유아기에 아이와 양육자가 안정된 관계를 구축하여, 양육자가 아이에게 좋은 형태로 내재화되는 것이 중요하다고 했다.

진료실에서 부모에게 학대받은 아이들, 또는 학대까지는 아니라도 부모와 좋은 관계를 맺지 못하고 성장한 어른들을 만나다 보면, 가벼운 수준에서 심각한 수준까지 정도는 다양하지만 애착장애를 극복하지 못하고 어른이 될 때까지 끌고가는 사람들이 많다는 사실을 새삼 느끼게 된다.

참고로 '애착장애'는 특정한 상황을 가리키는 표현일 뿐 공식 명칭은 아니다. 정신의학 진단에서 '애착장애'라는 병명은 없다. '반응성 애착장애'라는 진단은 있지만, 그 진단의 범위는 매우 좁다.

지나친 자기애는 불안의 다른 표현

어린 시절의 애착 형성을 통해 양육자가 마음속에 내재화되면 어른으로서의 자립이 가능해진다. 그러나 자립할 수 있는 나이가 되어도 좀처럼 자립하지 못하는 사람들은 다음과 같은 심리와 행동을 보이는 경우가 많다.

심리 단계

❖A유형 : 스스로에게 자신감을 갖지 못하고, 주위 사람들의 평가를 필요 이상으로 신경 쓴다

❖B유형 : 타인의 평가에 개의치 않고, 자기가 최고라고 생각한다

행동 단계

❖A유형 : 자신이나 부모의 나이에 관계없이 부모에게 어리광 부리고 의지하려고 한다

❖B유형 : 회사나 가정에서 굳이 실수하는 모습을 보이며, 실수의 원인을 엄마가 없기 때문이라고 주장한다

딸은 엄마의 감정 쓰레기통이 아니다

네 가지 유형 중 엄마와 딸 관계에서 특히 주목해야 할 것은 심리 단계의 B유형이다. 이 유형은 '엄마를 내재화하지 못해 자기애가 강해지는 타입'이라 정의할 수 있다. 이 유형에 해당하는 사람은 엄마와 애착관계를 잘 구축하지 못하고, 마음 둘 곳이 없어서 불안감이 가득 찬 사람일 수 있다. 실제로 불안감이 너무 강한 나머지, 나르시시즘에 빠지는 경우도 많다.

예를 들어 엄마가 딸을 너무 가까이 두려고 하고 '나를 버리면 나중에는 내가 너를 버릴 거야'라고 위협하는 환경에서 자란 딸은, 무엇에 의지하며 성장해야 할지 갈피를 잡지 못한다. 그리고 성장하기를 포기한 어린아이처럼 '난 뭐든지 할 수 있어! 세상은 나를 위해 존재해!'라는 너무나도 오만하고 미숙한 나르시시즘의 세계로 도망치는 것이다.

또한 나르시시즘은 버려질지 모른다는 위협을 받으며 위축된 딸이 공상을 통해 자신을 보호하는 방법일 수도 있다. 소녀들은 '나는 사실 귀족의 딸인데, 사정이 있어서 지금의 엄마 아빠가 키우게 된 게 아닐까?'라는 공상에 빠지곤 한다. 프로이트는 이런 공상을 '패밀리 로맨스'라고 불렀다.

자신은 지금보다 고귀하게 태어났으며 품위 있고 다정한 엄마가 있을 것이라는 내용이 공상의 주를 이루며, 현재 상황보다 나쁜 상황의 공상을 하는 사람은 거의 없다. 공상은 언젠가 진짜 부모나 나의 고귀한 탄생을 아는 사람이 나를 데리러오고, 지금까지 나를 위협했던 엄마는 비참하게 전락하는 것으로 마무리된다. 지금까지 자신을 지배한 대상이 이번에는 자신에게 바짝 엎드리는 입장이 되는 것이다.

이런 자기애적인 공상은 비참한 현실을 지우기 위한 생존 작전이다. 이는 부모에게 학대당한 아이가 '부모에게 맞은 사람은 내가 아니라 불쌍한 재스민'이라며, 머릿속에 '재스민'이라는 이름의 또 다른 인격을 만들어 트라우마를 회피하려는 다중 인격의 발생 유형과 비슷하다.

자신의 재능, 능력을 과대평가하며 필요 이상으로 타인의 평가에 집착하는 '자기애성 성격장애Narcissistic personality disorder'를 가진 여성의 엄마를 만나보면, 딸처럼 자존심이 세거나 외모에 돈을 많이 써서 '그 엄마에 그 딸'이라는 생

딸은 엄마의 감정 쓰레기통이 아니다

각이 절로 드는 경우도 있다.

하지만 자기애는 단순히 감염되는 것이 아니다. 자기애가 강한 엄마는 딸에게도 라이벌 의식을 가진 나머지, 딸의 애착 행동을 거부하기도 한다. 엄마에게 거부당한 딸은 상처를 잊기 위해 나르시시즘에 빠지고, 엄마가 자신 앞에 무릎을 꿇는 공상을 하며 어떻게든 살아가려고 한다.

자기애성 성격장애를 이겨낸 적이 있다고 밝힌 한 여성은 블로그를 통해 "공상 속에서 엄마 아빠에게 계속해서 이기고, 무한한 우월감을 맛보았다"라고 자신의 심경을 고백했다.

이렇게 모녀관계에서 시작된 감정이 결과적으로는 엄마를 능가하는 자기애에 이르는 경우도 있다. 그 정도까지는 아니라도 타인과의 비뚤어진 관계로 이어지는 경우도 많다.

엄마와 나 사이,
관계의 경계선 긋기

4장은 엄마와 딸 사이의 거리에 관한 이야기입니다.

사람과 사람 사이에는 관계의 숨통을 틔워줄 거리가 필요합니다.

하지만 딸을 자신의 분신이라 생각한 엄마는, 딸에게서 좀처럼 거리를 두지 않습니다. 최대한 가까운 거리에서 딸의 옷차림은 물론 친구관계, 연애, 직업 선택에 이르기까지 딸의 인생을 좌지우지하려 하지요.

엄마가 지나친 요구를 하거나 필요 이상의 간섭을 한다고 느껴진다면, 관계의 경계선을 그어야 할 때입니다.

관계의 경계선을 긋는다는 것은 상대가 할 일과 하지 말아야 할 일의 기준을 제시하는 것입니다. 모녀관계의 경계선 긋기는 엄마가 침범해서는 안 될 자신만의 영역을 만드는 기초 작업입니다.

회사에 있을 때는 전화를 하지 않았으면 좋겠다거나, 연애와 결혼 문제만큼은 스스로 결정하겠다고 약속하는 것이 그 예입니다.

자신의 말을 불평 없이 들어주던 딸이 갑자기 선을 그으면, 당황한 엄마는 딸의 죄책감을 자극해 어떻게든 그 경계를 무너뜨리려 할 겁니다.

엄마에게 미안한 마음에 "이번 한 번만이야"라는 식으로 타협점을 제시하려 하면, 엄마의 요구와 간섭을 막을 수 없습니다.

어른으로서 꼭 지키고 싶은 영역에 관해서는 명확하고 단호하게 의사를 전달하세요. 감정적으로 동요하지 않고 반복해서 말하다보면, 온전히 내 힘으로 판단하고 결정할 수 있는 나만의 영역이 생길 거예요.

To do list

엄마가 나에게 하지 말았으면 하는 일들을 적어보세요.

엄마의 도움 없이,
스스로 판단하고 결정짓고 싶은 문제를 써보세요.

딸은 엄마의 감정 쓰레기통이 아니다

◇◇◇◇

Chapter 5

• 나이듦 •

엄마의 보호자가 되었다면

엄마는 물론 딸도

미처 노년기를 준비하지 못한 채 나이를 먹는다.

그러나 항상 젊게 산다는 것은 어디까지나 착각일 뿐이며,

병들고 늙는 날은 누구에게나 찾아온다.

엄마의 푸념이 현실로 바뀌는 날

　세상에는 실로 다양한 유형의 엄마가 있다. 충분히 사랑을 주지 않고 칭찬에도 인색한 방치·부정형부터, 자식 일에 사사건건 참견해 혼자서는 아무것도 하지 못하게 만들어버리는 과잉보호·과잉간섭형까지. 하지만 대부분의 엄마들은 결국 같은 곳으로 모이게 된다. 바로 '노년기'라는 무대다.

　노년기의 연령대가 점점 높아지는 추세이긴 하지만, 요즘은 보통 65세 이상을 노년기라 일컫는다. 물론 그 이전에도 엄마는 딸에게 이런 하소연을 늘어놓곤 했을 것이다.

　"엄마도 이제 예전 같지 않아."

　"옛날에는 안 그랬는데 요즘은 체력도 떨어졌어. 어머, 또 흰머리가 났네. 넌 아직 어려서 이게 얼마나 충격적인지 모르지?"

물론 개인차는 있겠지만, 같은 가족이라도 남편이나 아들에게는 이렇게까지 노골적으로 노화의 징후를 언급하지 않을 것이다. 아들 중에는 엄마의 노화를 외면하고 싶어 하는 사람도 많고, 엄마가 푸념해도 "무슨 소리야. 엄마는 아직 젊어"라며 대충 얼버무리는 경우도 적지 않다.

반면 딸에게는 체력 감퇴, 흰머리, 주름 등 노화로 인해 생기는 변화들을 구체적으로 강조한다. 아마 여기에는 '그러니까 네가 돌봐줘'라며 딸에게 의존하고 싶은 마음, 또 '너는 젊어서 좋겠다'라는 질투심도 섞여 있을 것이다.

어쨌든 엄마가 "이제 늙었다", "몸이 안 좋다"고 계속 하소연하면, 딸 입장에서는 그 말이 지긋지긋하다. '그래서 어쩌라고? 내가 뭐라도 해주길 바라는 거야? 본가에 자주 찾아가지 않는다고 날 비난하는 건가?'라는 생각이 불현듯 고개를 들기도 한다.

그러나 엄마의 푸념을 둘러싼 딸의 고민은 언젠가 끝이 난다. 아니, 끝날 수밖에 없다. 고민이 해결된다기보다 엄마가 나이가 들어 노인이 되고, 엄마의 푸념이 현실이 되기 때문이다.

최근 일본에서 노화를 받아들이는 방법에 대한 책 여러 권이 베스트셀러에 오른 사실은 노년기를 어떻게 보내야 할지 모르는 이들이 많다는 사실을 방증한다. 병원에서 받지 말아야 할 검사 혹은 수술을 알려주거나, 최신 의료 기술을 보유한 병원을 알려주는 의학서도 잘 팔린다.

이런 책의 독자 대부분이 중년층 또는 노년층이라는 사실만 보더라도 '어떻게 나이 들 것인가?' 하는 문제에 대한 답을 찾지 못한 채 60~70대가 되는 사람들이 많다는 사실을 짐작할 만하다.

노년기의 간병 문제, 인생의 마지막을 어디서 어떻게 맞이하느냐의 문제, 장례 문제에 대한 관심도 높아지고 있다. 고도 성장기에 핵가족을 구축한 지금의 부모 세대는 지금까지 정신없이 살다가 갑자기 노화라는 문제에 직면해, '노후를 어떻게 설계하고, 어떻게 세상을 떠날까?'를 고민하고 있다.

노화는 준비되지 않은 채로 찾아온다

시중에 출간된 모녀관계에 관한 책은 대부분 엄마를 버리고 당당하게 자신의 인생을 살라며 딸의 등을 떠밀지만, 앞서 말한 대로 그것은 그렇게 간단한 문제가 아니다. 당장은 엄마와 거리감을 두는 듯 보여도, 이전의 관계가 망령처럼 부활하는 경우도 있다. 바로 엄마를 간병할 때나 부모님의 집을 정리해야 할 때다. 이때 딸은 어떻게 대처하면 좋을까?

지금의 부모 세대가 옛날의 같은 세대에 비해 젊게 산다고는 하지만, 인간의 기대수명이 갑자기 두 배로 늘어난 것은 아니다. 100세가 넘어도 기력이 넘치는 슈퍼맨 같은 사람도 있지만, 80대가 넘으면 몸이 약해지거나 치매 증상이 나타나 자기 몸을 스스로 버텨낼 수 없는 경우가 대부분이다. 그 시기가 80대보다 빨리 찾아오는 경우도 흔하다.

그렇게 되면 당연히 누군가의 도움, 즉 간병이 필요하다. 물론 나이 든 엄마가 인격적으로 성숙하다면 간병도 충실히 할 수 있다. 실제로 매사에 귀찮을 정도로 잔소리만 하던 엄마가 "엄마도 네 도움을 받으면서 지금까지의 일들을 돌아봤어"라고 생각지 못한 이야기를 꺼내, 마음의 응어리가 거짓말처럼 사라진 모녀도 있다.

그러나 노화는 대부분 미처 준비되지 않은 채로 찾아온다. 어제까지만 해도 인터넷에서 연예인의 패션 정보를 찾아보던 멋쟁이 엄마가 오늘부터 혼자서는 화장실도 가지 못하고 하루 종일 잠옷을 입고 생활하게 된 경우도 있다.

작가 이츠키 히로유키는 에세이에서 고대 인도의 사상을 빌려 "51~75세까지의 임주기(부귀영화를 버리고 숲으로 들어가서 수행하는 시기)야말로 인생의 황금기"라며 정신적 성숙의 중요성을 언급했다. 하지만 요즘 노인들은 그런 기회도 없이 장년기에서 간병이 필요한 노년기로 어느 날 갑자기 옮겨간다.

엄마를 간병하는 딸 가운데 정신적으로 미숙한 이들은 지금까지 자신을 지배한 엄마를 이번에는 자신이 지배할 수 있게 되었다며 비뚤어진 만족감을 느끼기도 한다. 진료실에서 이런 이야기를 한 여성이 있었다.

"지금까지 이래라저래라 사사건건 나를 통제한 엄마였는

데, 뇌 질환으로 쓰러진 후에는 몸도 제대로 못 가누고 말도 잘 못 해요. 물 한 잔을 마시고 싶어도 나한테 미안한 눈빛으로 부탁해야만 하죠.

'엄마, 이제 알겠어? 이제 내가 없으면 아무것도 못 하지?'라고 물으면, 엄마는 눈물이 그렁그렁해서 고개를 끄덕여요. 제가 심술궂어 보일지 몰라도 사실 그럴 때마다 엄마한테 복수했다는 생각이 들어요.”

이것도 상처받은 딸이 발견한 모녀 스트레스의 한 가지 해결책일지 모른다. 하지만 나를 지배했던 상대를 내가 지배하며 스트레스를 해소하는 것은 폭력이나 다름없다.

모녀관계도 결국은 사람 간의 관계

모녀관계의 변화를 제대로 받아들이지 못할 경우, 엄마에 대한 감정은 심각한 비극을 불러올 수도 있다.

다음은 2013년 2월 3일자 「도카이니치니치신문」에 난 기사다.

딸은 엄마의 감정 쓰레기통이 아니다

경찰서에 한 통의 신고 전화가 걸려왔다.

"엄마한테서 급히 연락이 왔는데요. 같이 산책 나갔던 할머니가 갑자기 숨을 쉬지 않으신대요."

전화를 받은 후 30분이 지나, 신고자의 엄마 A가 경찰서에 도착했다. 경찰이 "모친은 어디 계십니까?"라고 묻자, A는 차에 계신다고 대답했다. 경찰이 차 안을 확인해보니, 모포에 덮인 모친의 시체가 있었다.

경찰 조사에서 A는 치매에 걸린 모친을 간병하기가 너무 힘들었고, 미래가 보이지 않았다며 혐의를 모두 인정했다. A의 가족은 모친을 포함해 총 6명이었다.

치매에 걸리기 전, A와 모친이 어떤 관계였는지는 알 수 없다. 하지만 극단적 선택을 한 A도 처음에는 늘 자신을 지켜주던 엄마가 어느 날부터 치매에 걸려, 이제 자신이 엄마를 돌봐야 하는 상황에 분노하고 절망했을지 모른다.

같은 해 「주간아사히」에도 모녀관계의 변화가 심각한 사회문제로 떠오르고 있다는 내용의 기사가 실렸다. 기사에 따르면 간병을 위해 직장을 그만두거나 이직하는 '간병 이

직자'는 연간 15만 명에 달하며, 간병 이직자 중 80% 이상
이 여성이라고 한다. 기사에서 정신과 의사인 와다 히데키
는 이렇게 분석했다.

> 같은 여성이지만 며느리와 딸은 조금 다릅니다. 시어머니
> 의 입장에서 며느리는 전문 간병인처럼 심리적으로 거리
> 가 있습니다. 하지만 딸은 엄마의 간병에 심정적으로 깊
> 이 관여할 수밖에 없습니다. 치매 환자를 간병하는 경우
> 에도 며느리는 다소 객관적으로 시어머니를 대하지만,
> 딸은 엄마를 감정적으로 대하게 됩니다.
> 존경하고 사랑하는 엄마가 5분마다 같은 말을 하고 대소
> 변 실수를 하면 참기 힘든 스트레스를 받습니다. 원래 얽
> 히고설킨 관계였던 모녀라면 간병이라는 극단적인 상황
> 에서는 더욱 문제가 생기기 쉽습니다. 모녀관계도 결국은
> 사람과 사람 간의 관계이기 때문입니다.[3]

나를 돌봐주던 엄마를 내가 돌봐야 할 때

엄마를 간병하는 딸의 갈등을 너무나도 사실적으로 그려 세상을 충격에 빠뜨린 책이 있는데, 미즈무라 미나에의 자전소설 『엄마의 유산』이다.

주인공은 대학교 시간 강사다. 가끔 번역 일을 하기도 한다. 그녀의 언니는 재력가와 결혼했다. 자매는 몸이 약한 엄마를 간병하게 되었는데, 엄마는 아픈 와중에도 이것저것 지시하며 딸들을 지배하고 통제하려고 한다. 몇 번이나 폐암의 위기를 넘긴 엄마를 보며, 주인공은 무심코 이렇게 혼잣말을 하기도 했다.

"엄마, 도대체 언제 죽을 거야?"

결국, 엄마는 세상을 떠났다. 소설은 엄마가 숨을 거둔 날 밤, 자매의 전화 통화에서 시작된다. 두 딸은 사실 엄마의 죽음을 기다렸다고 고백한다.

엄마는 좋지 못한 가정환경 속에서 갖은 고생을 하면서도 열심히 일한 끝에 부유하게 살게 된 인물이다. 이를 악물고 최선을 다해 살아도 엄마의 인생과 달리 자신의 인생에 불행이 닥치면, 두 딸은 분노를 억누르지 못했다. 엄마를 간병하면서는 특히 자신이 엄마를 돌보느라 소홀해진 탓에 남편이 불륜을 저질렀다고 생각한다.

이외에도 엄마를 간병하는 딸을 그린 이야기는 계속해서 출판되었다. 시노다 세쓰코의 소설 『퍼스트레이디』의 주인공은 30대 후반의 여성이다. 그녀는 당뇨병을 앓고 있는 엄마 대신, 병원을 개업한 아버지의 '퍼스트레이디' 역을 맡아 대외 활동을 하며 병원을 꾸려나간다.

저녁 식사를 차리던 엄마는, 지역 유력 인사들이 참석하는 모임에 나가려는 딸의 복장을 두고 잔소리한다.

"홍수 피해지 지원하러 간다면서 그렇게 화려한 복장은 좀 아니지 않니?"

그렇게 비난할 바에는 엄마가 직접 모임에 참석해주면 좋을 텐데, 엄마는 병원 일에는 일절 관여하지 않았지만 딸에게 계속 불만을 늘어놓았다.

딸은 그런 엄마를 경멸하지는 않았으나, 아무런 노력을 하지 않는 엄마의 태도에 눈살을 찌푸렸다.

"엄마가 아빠와 결혼한 지 30년이 넘었다. 그동안 경제적으로 풍요로운 생활을 했는데, 조금이라도 무언가를 배울 시간을 낼 수 있지 않았을까? 엄마는 나이가 그렇게 많지도 않은데, 왜 지금이라도 컴퓨터나 영어를 배우려고 하지 않을까?"

그러다가도 무언가를 배워보려는 의지조차 상실한 엄마의 고독감이 자신의 일처럼 이해되어 가슴이 아팠다.

엄마는 당뇨병으로 인한 간부전을 앓게 되어, 회복하려면 간 이식 수술을 받아야 했다. 딸이 간 이식을 하고 싶다고 말하자, 아버지는 자식에게 그런 일을 시키려는 부모가 어디 있냐며 그녀의 제안을 단칼에 거절했다.

그러나 엄마에게 간 이식 이야기를 꺼내자, 엄마는 "네가 해주면 제일 좋지"라고 눈을 반짝거리며 동의했다. 엄마는 딸 이외에는 그 누구의 간도 이식받고 싶지 않다고 했다. 엄마는 딸의 몸이 자신의 몸과 같다고 생각했기 때문이다. 아무 거리낌 없이 '네 몸은 내 몸'이라고 말하는 엄마에게 딸은 위화감을 느낀다. 그리고 은근슬쩍 남동생이 간 이식을 하면 어떨지 묻자, 엄마는 격하게 거부하며 이렇게 말했다.

아무 거리낌 없이
'네 몸은 내 몸'이라고 말하는 엄마에게
딸은 위화감을 느낀다.

"아프지도 않은 몸에 칼을 대다니. 큰일이라도 나면 어떡해? 어느 부모가 그런 일을 시키고 싶겠어?"

엄마가 자식 둘 중 한 명은 사랑하는 자식, 다른 한 명은 본인의 일부라고 생각한다는 사실을 안 그녀는 극심한 혐오와 공포를 느꼈다. 그리고 그날 밤, 집을 나가기로 결심한다.

『엄마의 유산』은 자매의 이야기, 『퍼스트레이디』는 남매의 이야기다. 『엄마의 유산』에 등장하는 자매는 똑같이 엄마 때문에 힘들었다는 점에서 동질감을 느끼는 관계지만, 『퍼스트레이디』 속 딸은 자신과 남동생을 전혀 다르게 대하는 엄마의 태도에 충격을 받았다. 가족 중 누구도 그녀를 완전히 이해해줄 사람이 없다고 생각한 그녀는, 가출이라는 극단적 선택을 하게 되었다.

엄마가 나이 든 후, 소설가 딸이 쓴 이야기

가족 중 누구에게도 이해받지 못한 딸이 한 명 더 있다. 자전소설 『방탕기』에서 엄마와 딸의 갈등을 그린 무라야마 유카는 위로 오빠가 한 명 있다. 소설 속의 엄마는 절대 군주처럼 딸의 인생을 지배하려고 한다. 주인공 역시 엄마를 사랑하지만, 또 한편으로 미워하는 복잡한 감정을 갖고 있다.

주인공은 자신의 학교, 직장에서부터 결혼까지 중요한 일을 선택할 때 엄마가 깊이 개입한다는 사실을 자각하면서 산다. 자신의 의지로 결정한 일도 진정으로 자신이 하고 싶어서 한 일이라고 생각하지 못한다.

이 책의 작가는 인터뷰에서 소설 속 모녀관계는 90%가 자신의 이야기임을 밝히며, 이와 관련된 에피소드를 이야기했다.

"일본의 권위 있는 문학상인 '시바타 렌자부로상'을 받았을 때 엄마가 제일 처음 한 말은 '엄마도 글 잘썼는데'였습니다. 딸에게 질투심을 보이다니, 과연 엄마답다고 생각했지요. 엄마는 자기 과시욕이 강한 타입이지만, 자신을 과시할 수 있는 분야가 육아뿐이었어요."

그녀는 엄마가 딸과 자신을 동일시하고, 당신이 살면서 하지 못했던 일을 자신에게 시키려고 했다고 냉정하게 분

딸은 엄마의 감정 쓰레기통이 아니다

석했다.

그녀의 엄마는 은연중에 딸을 자신이 만든 작품이라고 여기고, 딸이 자기를 능가하는 사태는 있어서도 안 되며, 있을 수도 없다고 생각했을 것이다. 딸이 문학상을 받아도 '내가 한 수 위이며, 너는 내 재능을 이어받았을 뿐'이라는 반응은 그런 생각에서 비롯됐다.

무라야마 유카는 그런 엄마에게 어떻게 대처했을까? 그녀는 『퍼스트레이디』 속 주인공처럼 집을 나가지는 않았다. 대신, 세월이 흘러 엄마의 지배가 약해졌을 때 진정 하고 싶은 일을 하겠다고 마음먹었다.

나이가 들면서 치매 증상이 생긴 엄마는 예전처럼 딸을 통제하지 못했고, 딸을 통해 자신을 과시하는 일도 점차 드물어졌다. 그 무렵부터 그녀는 이전까지와는 다른 관능적인 작품에 도전했다. 그리고 마침내 『방탕기』에서는 엄마와의 갈등을 전면에 드러냈다.

그녀는 "내 안에서 해결하지 못한 문제를 작품을 통해 통과의례처럼 겪어내지 않으면 나는 인간으로서, 작가로서 당당히 홀로 설 수 없을 것이라는 생각에 『방탕기』를

썼습니다"라고 소설을 쓴 이유를 설명했다. 엄마의 지배력
이 약해지고 난 후에야 그녀는 엄마와 자신의 이야기를 소
설로 쓸 수 있었다. 그리고 마침내 홀로서기에 성공했다.

책이 출간된 후 "엄마가 치매에 걸리고 나서 이런 글을
쓰다니 비겁하다"며 그녀를 비판하는 목소리도 많았다. 그
녀는 "엄마란 정말 대단한 존재이며, 엄마를 존경하지 않
는 딸은 엄청난 비난의 대상이 된다는 사실을 알게 되었습
니다. 그래서 마음이 아프네요"라고 말했다. "내 인생은 엄
마와 별개라고 말하고 싶었지만, 엄마란 너무나도 가까운
존재여서 그럴 수 없다는 사실을 깨달았습니다"[4] 라고도
털어놓았다.

딸 쪽에서 엄마와의 관계를 어떻게도 할 수 없을 때는 정
면으로 맞서거나 엄마와의 인연을 완전히 끊는 대신, 엄마
의 영향력이 줄어들 때까지 기다려보는 것도 한 가지 방법
이 될 수 있다. 하지만 기억해야 한다. 기다리는 동안 딸에
게 남은 시간도 점점 줄어든다는 사실을.

딸은 엄마의 감정 쓰레기통이 아니다

엄마와의 문제가 인생의 전부는 아니다

앞에서 아픈 엄마를 간병하는 딸들의 이야기를 소개했다. 자신의 인생을 지배하고 통제한 엄마를 반대로 지배한 딸, 간병을 함께한 자매에게 자신의 감정을 털어놓은 딸, 집을 나와 엄마와의 관계를 완전히 끊은 딸, 엄마의 힘이 약해질 때까지 기다린 딸까지 사람마다 엄마로 인한 상처를 해소하는 방법은 모두 달랐다.

이번에는 보다 발전적인 해결책을 찾은 딸을 소개한다. 히메노 가오루코의 소설 『쇼와의 개』는 독특한 부모 밑에서 자란 외동딸의 일대기를 그렸다. 이 작품 역시 자전적 요소가 강한 소설이다.

작품에 등장하는 주인공처럼 작가 히메노 가오루코는 대학교 진학을 위해 도쿄로 왔다. 그리고 1989년에 아빠가 뇌경색을 일으켰을 때부터 부모를 돌보기 위해 본가와 도쿄를 오가며 생활했다.

1994년에 아빠가 돌아가신 후 잠깐 본가에 발길을 끊었으나 2000년 무렵, 엄마가 치매에 걸렸다. 결국, 아빠를 간병할 때부터 엄마가 세상을 떠날 때까지 20년 이상이나 본가와 도쿄를 왔다 갔다 하는 생활이 계속되었다.

「아사히신문」과의 인터뷰에서 그녀는 이렇게 말했다.

"치매 환자들이 함께 사는 요양원에 들어가고 나서 엄마는 다른 사람이 되었습니다. 어두웠던 사람이 쾌활해졌고, 본가에서 갖고 간 피아노로 사람들이 원하는 곡을 연주해줘서 인기도 많아졌습니다."[5]

『쇼와의 개』에도 나오듯, 그녀의 아빠는 너무나도 개성이 강하고 난폭한 사람이었다. 엄마는 그저 참기만 할 뿐, 아빠에 맞서 자신의 의견을 주장하지 않았다. 엄마가 세상을 떠난 후, 유품을 정리하다 발견한 엄마의 일기장에는 남편을 증오하는 말들이 가득 쓰여 있었다. 하지만 엄마는 치매에 걸리고 나서도 그녀에게 아빠의 장점만 이야기했다고 한다.

그녀는 엄마의 침대 머리맡에 앉아 시를 읽어주는 등 헌신적으로 엄마를 간병했다. 많을 때는 일주일에 한 번, 바쁠 때는 두 달에 한 번 도쿄에서 본가까지 네 시간 동안 기차를 타고 엄마를 만나러 갔다.

주어진 상황에서 최선을 다했음에도 고향에 가면 사람들은 그녀에게 "왜 여기로 돌아오지 않니?"라고 물었다.

"동네 사람들은 외동딸이 엄마 곁으로 오지 않고 계속 도쿄에 사는 건 불효라고 했어요. 악의는 없었겠지만, 그런 말을 들으면 어떻게 대답해야 할지 난감했어요. 그래서 모자를 푹 눌러쓰고 마스크를 끼고, 눈에 띄지 않는 시간에 본가에 갔죠. 동네 사람들과 마주치지 않으려고요."

오랜 간병으로 인해 그녀의 건강에도 적신호가 켜졌고, 회복하기까지 시간이 꽤 걸렸다. 더 좋은 성장환경을 마련해주지 않았던 엄마를 왜 계속 간병했느냐는 질문에 그녀는 이렇게 대답했다.

"저 스스로 도쿄에 계속 있으면 안 된다고 생각했기 때문이 아닐까요?"

엄마가 있는 본가와 멀리 떨어져 산다는 이유로 약간의 죄책감을 갖고 있었고, 그것이 간병의 동기가 되었다고 했다.

그녀는 아주 단순한 대답을 덧붙였다.

"내가 부모를 돌보는 건 당연한 의무라고 생각했어요."

'당연하다'는 말의 의미는 자세하게 설명하지 않았지만,

자신이 외동딸이라는 사실 때문이었을 것이다. 형제자매가 있었으면 분담해서 간병하거나 서로 도왔겠지만, '왜 내가 더 많이 간병해야 돼? 나는 부모님한테 더 많이 사랑받지도 못했는데' 하고 형제자매와 자신을 비교했을지도 모른다. 하지만 그녀는 부모님에게 자식이라곤 자신뿐이니, 부모를 돌볼 사람도 자신뿐이라고 생각한 것이다.

『쇼와의 개』에는 열악한 환경에서 자랐음에도 불구하고 주인공이 '좋은 시절에 태어났다', '부모님과 주위 사람들에게 고맙다'며 자신의 인생을 사랑하고 주위 환경이나 부모님을 포함한 사람들을 소중히 여기는 부분이 여러 번 등장한다.

주인공에게는 부모님 말고도 중요한 것이 많았다. 개들과 정신적으로 교감하고, 자신을 둘러싼 자연과도 스스럼없이 마음을 나누었다. 이런 주인공의 면모는 저자의 일부이기도 하다. 그녀는 스스로를 '저지 패셔니스타'라고 부르며, 대담에서도 빨간색 저지를 입고 등장하는 유쾌한 성격의 소유자다.

엄마와의 관계는 분명 딸에게 중요한 문제다. 그렇지만

딸은 엄마의 감정 쓰레기통이 아니다

결코 그것이 인생의 전부는 아니다. 혹시 엄마와의 문제가 해결되지 않더라도 일상에서는 웃을 수 있는 일, 평온함을 주는 사람들도 많기 때문에 그것들을 충분히 즐겁게 느끼고 경험하면 된다. '엄마와의 문제가 해결되지 않는 한, 아무것도 즐길 수 없다'는 식으로 생각할 필요가 없다는 뜻이다. 그녀는 이런 사실을 몸소 가르쳐주었다.

조금 다른 어른이 될 기회

딸은 여태껏 계속 스트레스를 준 엄마를 어떤 마음으로 간병하면 좋을까? 엄마의 간병은 딸의 인생 계획을 재설계하는 좋은 계기가 될 수 있다.

요즘 사람들은 자신도 언젠가는 늙고 병들어, 다른 이의 간병을 받게 될 수 있다는 사실을 염두에 두지 않는다. 3대나 4대가 함께 사는 가정이 줄어들어, 노인을 가까이에서 볼 기회가 적어서 그럴 수도 있다.

사회적 분위기도 무시할 수 없다. 50대 중반인 내가 옷을 사러 백화점에 가면, 내 또래가 입는 옷을 판매하는 곳을 거의 찾아볼 수 없다. 대학생이나 직장인, 아이를 키우는 엄마들이 입는 옷이 대부분이다. 어쩔 수 없이 디자인이나 색상이 비교적 차분한 곳, 손님의 연령층이 너무 젊지 않은 곳을 찾아 들어간다.

30~40대 여성들이 입을 것 같은 디자인이나 색의 옷 사이에서 어찌할 바를 모르고 있으면 점원이 다가와서 노란색 스웨터를 권한다. "제 나이에 노란색은 좀……" 하고 고개를 저어도 "손님한테 정말 잘 어울리는데요?"라고 말하는 통에 결국 내 나이에 맞지 않는 옷을 사고 만다.

자본주의 시장에서 기업들이 물건을 팔기 위해서도 사람들이 나이에 맞게 늙어가면 안 된다. 50~60대에게도 새로운 옷이나 운동화, 컴퓨터나 스마트폰을 팔기 위해서는 '마음만은 20대'라는 메시지를 지속적으로 전달해, 스스로가 그렇게 생각하도록 만들어야 한다. 계속해서 소비하기 위해서는 늙게 내버려두지 않는 것이 요즘의 사회다.

엄마는 물론 딸도 자신의 노년기를 준비하지 못하고 패션 잡지에 나오는 유행을 좇으면서 나이를 먹는다. 그러나 항상 젊게 산다는 것은 어디까지나 착각일 뿐이며, 병들고

딸은 엄마의 감정 쓰레기통이 아니다

엄마는 물론 딸도
자신의 노년기를 준비하지 못하고
패션 잡지에 나오는 유행을 좇으면서 나이를 먹는다.

늙는 날은 누구에게나 찾아온다. 게다가 그때까지의 준비 기간은 점점 짧아진다.

딸은 갑작스럽게 엄마를 간병하게 되면서 자신도 언젠가는 늙는다는 현실을 자각한다. 또 준비 기간도 거의 없이 몸져 누운 엄마를 보며, 이렇게 결심한다.

'나도 누군가의 간병을 받게 될 때를 대비해야지.'

『부모님의 집을 정리하다』는 2013년에 일본에서 출판되어 큰 반향을 불러일으킨 책이다. 이 책은 '고도 성장기에 가정을 이루고 대량 소비 시대에 부지런히 물건을 모은 신세대가 늙거나 죽었을 때, 어마어마한 유품과 집을 어떻게 처분할까?'라는 매우 현실적이고 심각한 문제를 다루었다.

이 책에는 자식들의 체험담이 자주 등장하는데, "모든 물건을 처분하는 데 3년이 걸렸다", "부모님의 물건을 정리하다가 살이 쏙 빠졌다" 등의 내용을 읽고는 한숨이 나왔다. 하지만 그들의 이야기에는 항상 이런 다짐이 빠지지 않고 등장한다.

딸은 엄마의 감정 쓰레기통이 아니다

"부모님의 집을 정리하면서 나는 지금부터 집을 정리하고 깔끔하게 살아야겠다고 생각했다."

"필요 없는 물건은 모조리 버리기로 결심했다. 내가 죽고 난 후, 내 아이가 이런 일을 하게 둘 수는 없다."

이처럼 부모를 반면교사로 삼으면 자신의 인생을 후회 없이 보낼 수 있고, 진정으로 나 자신의 인생을 살 수 있는 기회를 얻게 된다.

평생 크고 작은 스트레스를 준 엄마를 간병하는 건 정말 힘든 일이지만, 고통스럽다는 부정적인 감정을 느끼는 대신 '나는 엄마와 다르게 살겠다', '나는 내 아이와 보다 나은 관계를 만들어가겠다'라고 발전적으로 생각해보자. 모든 것이 만족스러운 상황에서 우리는 의외로 많은 것을 배울 수 없다. 더 이상 바랄 것이 없다고 만족하면, 앞으로는 다른 방식으로 살아보겠다는 용기가 생기지 않기 때문이다.

엄마는 딸에게 가장 닮고 싶은 사람일 수도 있고, 절대 닮고 싶지 않은 사람일 수도 있다. 둘 중 어느 쪽이든 엄마만큼 딸의 인생에 큰 영향력을 가진 사람은 없다. 엄마와의 관계를 회피하는 딸은 자신의 인생을 의미 있는 방향으로 변화시킬 기회를 놓치는 셈이다.

　엄마를 간병하는 경험을 앞으로 자신의 인생을 행복하게 만들기 위한 계기로 활용하자. 이런 생각을 갖는다고 해서 딸을 비난할 사람은 아무도 없다.

엄마를 바꾸려 애쓰지 않기

5장에는 감정의 실타래를 풀지 못한 채 엄마의 보호자가 된 딸들의 이야기가 등장합니다.

'100세 시대'라 불리는 요즘에는, 이처럼 성인기의 자녀와 노년기의 부모가 함께 보내는 시간이 가장 깁니다. 이 긴 시간 동안 끊임없이 상처를 주고받는 것은 엄마에게도 딸에게도 무척 힘든 일이 되겠지요.

엄마와 언쟁을 벌이고, 엄마와의 연락을 끊는 등 온갖 시도에도 불구하고 엄마와의 관계가 여전히 제자리걸음이라고 느껴지나요? 그렇다면 이제 당신에게는 '내려놓기'가 필요합니다.

어른이 되어 온몸으로 세상과 부딪히면서 당신은 깨달았을 것입니다. 세상 모든 일이 내 마음대로 되지는 않으며, 타인의 마음도 결코 내 뜻대로 움직여주지 않는다는 것을요.

반면 엄마는 '가족'이기에 당신이 노력하는 만큼 변할 거라고 기대했을 테지요.

하지만 엄마도 가족이기 이전에 나와 다른 한 명의 타인이랍니다. 엄마 스스로 바뀌지 않는 한, 딸이 엄마를 변화시킬 수는 없습니다.

기억하세요. 당신이 바꿀 수 있는 사람은 오직 당신 자신뿐이라는 걸요.

5장에서는 딸들이 자기 자신을 변화시킬 수 있는 방법을 제시했습니다. 엄마와의 문제에서 벗어나 세상의 즐거움을 마음껏 만끽하고, 엄마를 반면교사 삼아 후회 없는 삶을 설계하는 것입니다.

생각의 무게중심을 엄마에서 나에게로 옮기세요. 엄마에게 온통 쏟아부었던 에너지를 앞으로는 내 인생을 위해 써보세요.

To do list

모든 사람이 그렇듯, 엄마에게도 장단점이 있습니다.
내가 닮았거나, 닮고 싶은 엄마의 장점을 찾아보세요.

닮고 싶지 않은 엄마의 단점은 무엇이며,
엄마와 어떻게 달라지고 싶은지 써보세요.

Chapter 6

• 홀로서기 •

착한 딸보다 나로 살고 싶다면

내 인생이

나의 것이 아니라는 생각이 드는 이유는

엄마의 그림자에서 벗어나지 못했기 때문이다.

고부관계의 전략이
모녀관계에는 통하지 않는 이유

딸을 지배하는 엄마, 딸에게 자신의 희망사항을 투영하는 엄마, 그때그때 태도를 바꾸는 엄마부터 딸에게 의존하는 엄마까지 세상에는 다양한 유형의 엄마가 있다. 하지만 5장에서 살펴보았듯 아무리 강한 엄마도 언젠가 나이가 들고, 간병이 필요한 날이 온다.

예전에는 주로 며느리가 시어머니를 간병했다. 물론 그들 사이에도 갈등이나 충돌이 생기기 마련이다. 하지만 '고부 갈등은 영원한 숙제'라는 말처럼 그들 사이의 갈등은 사회적으로도 어느 정도 불가피한 것으로 받아들여진다. 결혼 전까지는 완전히 남이었기 때문이다.

그런데 최근 들어 고부관계에 새로운 변화가 나타나고

있다. 일본 잡지 「여성 자신」에는 '고부관계에 불어온 변화'라는 제목의 기사가 실린 적이 있다. 기사는 며느리 (20~39세)와 시어머니(40~65세) 각각 500명씩 총 1,000명을 설문 조사했는데, '시어머니는 내게 다정하다'고 대답한 며느리가 52.6%, '의지가 된다'고 답한 며느리가 42.6%를 웃돌았다.

기사 내용을 옮기면 이러하다.

> 대다수의 며느리들이 '시어머니는 나를 세심하게 챙겨주며, 다정한 편'이라고 응답했다. 며느리만 시어머니의 눈치를 보는 시대는 끝났다. 요즘은 시어머니도 며느리의 눈치를 본다. 지금의 시어머니 세대에 속하는 여성들은 본인이 시어머니 때문에 힘들었기 때문에, 며느리에게 무조건 간섭하거나 잔소리하지 않으려 한다. 반면 시어머니들에게 '자신의 시어머니에 대해 어떻게 생각하는가?' 하고 물었을 때, '다정하다'고 대답한 사람은 28%뿐이었다.

시어머니가 며느리를 신경 쓰고, 때로는 화를 참기도

하는 이유는 무엇일까? 이 기사는 현재 50~70대 특유의 기질 때문이라고 분석한다. 이 세대의 여성은 스스로도 언제나 현명하고 젊고 멋진 시어머니이고 싶어 하며, 주위에도 그런 시어머니로 보이고 싶어 한다는 것이다. 시어머니들은 며느리를 자신이 젊고 멋지게 살고 있음을 증명하는 하나의 정보원으로 여긴다.

이렇게 보면 역시 시어머니가 한 수 위인 것 같다. 어쨌든 고부관계에도 전략이 있으며, 시어머니와 며느리가 잘 지내려면 서로 감정적으로 대하지 않고 자신에게 유리하도록 현명하게 행동하는 것이 중요하다.

물론 모녀관계에도 전략이 있다. 그러나 엄마와 딸은 혈연관계이기 때문에 감정을 억누르고 자신에게 유리하도록 연기하거나, 겉으로만 좋은 척 행동하기란 불가능에 가깝다. 엄마와 딸은 일단 관계가 틀어지면 서로의 마음이 너덜너덜해질 때까지 깊은 상처를 준다.

딸은 엄마에게 '엄마니까 당연히 이 정도쯤은 이해해주겠지'라는 생각으로 다른 이에게는 결코 하지 않을 무리한 요구를 한다. 엄마도 딸이 어릴 때는 자신이 못다 이룬 꿈

을 딸에게 투영하고, 딸이 해내지 못하면 '역시 나를 닮아
안 되는구나' 하고 실망하기도 한다.

'친구 같은 모녀'라는 트렌드, 혹은 환상

일본사회에서 엄마와 딸은 언제부터 친구처럼 가까운 사
이로 여겨지게 된 걸까? 옛날에 딸이 결혼하면 친정을 떠
난다는 인식이 강했다. 친정과의 이별은 딸과 식구들 모두
에게 큰 슬픔이었다. 하지만 한편으로는 30~40대, 아니 그
이상 나이가 든 딸과 엄마가 서로 의존하거나 증오하는 사
태를 막을 수 있었다.

1980년대 후반 무렵부터는 딸이 결혼하거나 나이가 들
어도 친정과 거리를 둘 필요는 없다는 인식이 급속히 퍼졌
다. 이런 의식의 상징으로 자주 언급되는 것이 일본의 '국
민 만화'인 「사자에 씨」다.

이 만화에는 결혼 후에도 친정에서 살고 있는 딸 '사자
에'와 그녀의 남편 '마스오'가 등장한다. 이 만화가 일본에
서 선풍적 인기를 끌자, 결혼해도 남편과 함께 친정에서 사

는 여성을 뜻하는 '사자에 상태', 결혼 이후 처가에서 사는 남성을 의미하는 '마스오 증후군'이라는 신조어가 생기기도 했다.

1980년대 후반, 갑자기 주목받기 시작한 '모녀'는 자발적으로 친밀한 관계를 이어나갔다. 여행사는 앞 다투어 모녀 해외여행 패키지를 기획했고, 텔레비전 뉴스도 이 소식을 중점적으로 보도했다. 고급 패션 잡지에도 엄마와 딸이 우아한 식사를 즐기는 모습이 '모녀의 런치' 같은 이름의 특집기사로 소개되었다.

사람들은 더 이상 '다 큰 딸이 엄마와 밥을 먹다니', '딸이 친정 식구들하고만 잘 지내면 안 되는데' 하고 생각하지 않았다. 가까운 관계의 모녀를 비판하기는커녕 '사이좋은 모습이 아름답다', '풍족하고 여유로워 보여 부럽다'며 칭찬했다.

이 무렵에는 딸이 철들지 않고 결혼해도 계속해서 친정 부모의 사랑스러운 딸로 남아 있는 것, 친정에서도 그렇게 사랑스러운 딸을 금전적·심리적으로 계속 뒷바라지해주는 것이 부유함의 상징이 되었다.

'친구 같은 모녀'가 이슈가 되기 조금 전에는 '하마트라'라는 패션이 유행했다. 하마트라는 '요코하마 트래디셔널'의 약칭으로, 일본 요코하마 부근에서 생겨난 독특한 패션이다. 하마트라의 기본 스타일은 카라가 있는 셔츠에 감색 미니스커트, 무릎까지 올라오는 타이즈로 어른스러움과는 거리가 멀었다. 이 무렵 딸들의 맞선용 의상도 감색이나 아이보리색 반팔 원피스였다.

정치인이자 작가인 다나카 야스오는 당시 이처럼 아이 같은 패션 스타일을 '유치원생의 양복'이라고 말했다. 유치할 정도로 미성숙하고 때 묻지 않은 스타일이 귀하게 자란 숙녀라는 증거로 간주되었다.

1990년대가 되어 일본의 거품경제가 붕괴된 후에도 딸이 결혼을 하든, 몇 살이 되었든 '친구 같은 모녀'라는 트렌드는 사라지지 않고 정착되었다.

딸은 엄마의 감정 쓰레기통이 아니다

왜 내 마음대로 살지 못했을까?

내가 외출할 때면 "너는 그런 화려한 옷은 안 어울려"라고 사사건건 트집을 잡던 엄마.

자신의 말대로 하지 않으면 "엄마는 이제 몰라"라며 무심한 듯 위협적인 말을 던지곤 하던 엄마.

"너한테 기대했는데……"라고 사소한 실수에도 크게 실망하며 한숨을 쉬고, "이런 것도 못하니?" 하고 나무라던 엄마.

"그게 아냐!", "틀렸어"라고 모든 일에 참견하고, 잘한 일에도 "더 잘할 수 있을 텐데"라고 아쉬움을 표하는가 하면, "이 일은 너랑 안 맞을 것 같은데?"라며 해보지도 않은 일의 실패를 예언하던 엄마.

"네가 하는 일은 어려워서 엄마는 잘 모르겠다"라고 짐짓 한 발 빼거나, "그건 엄마도 할 수 있어"라고 시샘하는 말투로 말하던 엄마.

"남자친구 없니?"라고 걱정하듯이 묻다가도, 있다고 대답하면 "혼전 임신은 절대 하면 안 돼!"라고 눈살을 찌푸

리던 엄마.

"그 아이는 엄청 잘하던데" 하고 친구와 비교하거나 "너 때문에 창피해서 엄마가 얼굴을 들고 다닐 수가 없어"라고 하던 엄마.

엄마 말에 조금이라도 반박하려고 하면 "내가 너에 대해 모르는 게 뭐가 있니?"라고 버럭 소리를 지르고, 오빠나 남동생 이야기를 꺼내면 "걔는 남자잖아"라며 나와는 다르다는 듯이 말하던 엄마.

그래도 엄마의 조언이나 지시에 따르지 않으면 "내가 널 어떻게 키웠는데……. 전부 너 잘되라고 그런 거야"라며 나 때문에 엄마의 인생이 엉망진창이 된 것처럼 눈물을 글썽이던 엄마.

그러다 내가 조금이라도 엄마의 생각대로 움직이면 "역시 내 딸이야"라며 기뻐하던 엄마.

나를 찾아온 딸들이 묘사하는 엄마의 모습이다. 엄마로 인해 딸의 자존감은 바닥을 쳤다가 회복되었다가를 반복하며 마치 롤러코스터처럼 오르내린다. 그리고 인생의 절

딸은 엄마의 감정 쓰레기통이 아니다

반이 지나 정신이 번쩍 들면, 그때는 이미 온 마음이 너덜너덜해져 있다.

내 인생이 나의 것이 아니라고 느끼는 이유는 엄마의 그림자에서 벗어나지 못했기 때문이다. 항상 엄마가 뭐라고 할까, 어떻게 생각할까 전전긍긍했을 뿐 결코 진정으로 자유롭지 못했다.

그럴 때 딸은 어떤 마음이 들까? 슬픔, 실망, 충격 등 다양한 감정을 느끼겠지만, 가장 강하게 느끼는 감정은 분노일 것이다.

'왜 내 마음대로 살지 못했을까?'

'왜 자신감을 갖고 나 자신을 지켜주지 못했을까?'

'나는 엄마의 인형이나 도구도 아니고 분신도 아니야. 얼굴이나 체형은 닮았을지 몰라도 나는 엄마와 전혀 다른 별개의 인간이야!'

그러나 이런 분노는 엄마는 물론 그 누구에게도 터뜨릴 수 없다.

'왜 내 마음대로 살지 못했을까?'

감춰둔 상처를 꺼내기로 결심한 딸

스스로는 어떻게 할 도리가 없는 엄마에 대한 분노를 가득 안고 나를 찾아온 여성들이 많다. 그녀들은 엄마에게 이 감정을 전하고 싶다고 한다.

하지만 그건 생각만큼 간단하지 않다. 딸의 고백을 있는 그대로 받아들이고 존중해주는 부모는 사실 드물다. 나이가 들면서 건강이 나빠졌거나 치매에 걸려, 딸의 이야기를 제대로 들어줄 수 없는 엄마도 많다.

물론 감정을 전한다고 해서 문제가 해결되는 것은 아니다. 엄마에게 다 털어놓지 않으면 분이 풀리지 않을 것 같다고 계속해서 호소하는 여성이 있었다. 다음 번 상담이 있는 날, 그녀는 엄마와 함께 나를 찾아오기로 했다. 그녀는 여태껏 엄마에게 들었던 가시 돋힌 말을 떠올리고, 그 말들을 방대한 양의 문서로 정리했다.

드디어 '그날'이 왔다. 그녀의 엄마는 왜 자신이 호출되었지 모르겠다는 표정으로 진료실에 들어와서는 말했다.

"선생님, 제 딸 때문에 고생이 많으시죠. 애가 옛날부터 신경질적인 면이 있었는데, 요즘에 또 일이 잘 안 풀리나 봐요. 시간이 좀 지나면 다시 괜찮아질 거예요."

그러자 딸의 표정이 싹 바뀌었다. 이처럼 딸에 대해 뭐든지 안다는 엄마의 태도가 딸의 인생을 가로막은 최대의 장애물이었다.

딸은 준비해온 글을 단숨에 읽어 내려갔다. 글은 대략 이런 내용이었다.

"초등학생 때 좋아하는 색의 책가방이 있었는데, 엄마가 못 들게 했다. 한창 예민한 사춘기에 상처를 주는 말을 밥 먹듯이 했다. 대학생 때는 엄마가 내 진로를 결정하는 데 사사건건 참견했다"

나는 갑작스러운 이야기를 들은 엄마가 통곡하지는 않을까 안절부절못했다. 20분이 넘도록 계속된 딸의 '고발'은 올해 설날, 명절 음식은 필요 없다고 했는데 엄마가 백화점에서 음식을 마음대로 예약한 사건에 이르러서야 끝났다.

그러자 엄마는 "그랬구나. 많은 일들이 있었네" 하고 한숨을 쉬었다. 그리고 이어서 말했다.

"미안해. 근데 엄마는 네가 지금까지 말한 일들이 거의

딸은 엄마의 감정 쓰레기통이 아니다

기억이 안 나. 내가 그런 말을 했었니?"

딸은 멍하니 입을 벌리고 엄마의 얼굴을 바라보았다.

"기억이 안 난다고? 말도 안 돼. 나는 지금까지 쭉 '엄마는 왜 그런 말을 했을까?' '그때 이렇게 반박할걸' 하고 생각했단 말이야!"

"생각이 안 나는 걸 어쩌라고? 너와 네 동생을 키우느라 내가 얼마나 눈코 뜰 새 없이 바빴는데! 너한테 무슨 말을 했는지 어떻게 일일이 기억하니?"

오랜 시간 꿈꿔온 딸의 복수는 이렇게 눈 깜짝할 사이에 패배로 끝났다.

그러나 다음번에 나를 찾아온 딸의 표정은 생각보다 밝았다. 예상치 못한 엄마의 반응에 얼마나 낙담했을까 걱정했는데, 의외로 한결 개운해진 표정이었다.

그녀는 이렇게 말했다.

"이제 포기했어요. 무슨 말을 해도 방법이 없는 것 같아요. 엄마가 기억이 안 난다고 한 이상 저도 손쓸 방법이 없더라고요. 엄마 말이 진심인지 거짓말인지도 확인할 수 없

으니까요. 전 아무리 노력해도 엄마를 바꿀 수 없을 것 같
아요."

진료실에서 경험하는 모녀 문제는 대부분 이렇게 딸이
포기하는 것으로 결말을 맺는다. 엄마와의 관계 개선을 포
기하는 것 이외에 다른 해결책은 없는 걸까?

현실의 엄마는 바꿀 수 없지만, 상상 속의 엄마는 얼마
든지 바꿀 수 있다. 나는 새로운 심리상담 기법인 '자아상
태 요법Ego state therapy'을 다룬 자료를 살펴보다 모녀 스트
레스에서 벗어날 방법을 발견했다.

나를 사랑해준 엄마를 상상하라

자아상태 요법은 엄마에게 신체적인 폭력을 당했거나
"괜히 낳았다"는 말을 듣는 등 비참한 경험을 한 아동을
대상으로 한다. 그런 경우, 아이는 엄마의 잔혹함이나 부
조리함을 그대로 자신에게 내재화한다.

이때 엄마는 두 가지 방향으로 내재화된다. 좋은 방향으
로 내재화될 경우, 아이는 마음을 굳건하게 갖게 된다. 나

딸은 엄마의 감정 쓰레기통이 아니다

쁜 방향으로 내재화될 경우, 엄마와의 고통스러운 기억은 아이를 오래도록 괴롭힌다. 이 경우에는 상담자도 어려움을 겪는다. 이미 내재화된 엄마를 바꾸기는 상당히 어렵기 때문이다.

그러나 자아상태 요법을 활용하면, 그런 경우에도 희망은 있다. 자아상태 요법을 다룬 자료 중 일부를 소개한다.

> 사랑받지 못하고 자랐다는 결핍을 메우기 위한 강력한 수단은 바로 이미지다. 인간의 뇌는 이미지가 상상의 산물이라는 사실을 별로 신경 쓰지 않는다. 마음의 눈에만 보이는 사랑이라도 그 치유의 효과는 놀랍다.[6]

나를 사랑해준 다정한 엄마를 상상하기만 해도 뇌는 떠올린 사람이 진짜 엄마라고 인식한다는 것이다.

자아상태 요법으로 상담을 받으러 온 아이들은 자신이 원했던 엄마의 모습을 상상하고, 상담자는 그 모습에 공감해준다.

아이들은 부모에게 충성심을 가질 정도로 내재화한 엄

마를 너무나도 강하게 인식하고 있기 때문에, 더 좋은 엄마를 상상할 수 없다고 생각하는 경우가 많다. 이때, 상담자는 "더 상상해보자. '엄마가 이렇게 해줬으면 좋았을 텐데'라고 생각해보렴"이라고 말하며 아이가 자유롭게 상상할 수 있도록 유도한다.

가상의 엄마를 만들기도 한다. 예를 들어, 애니메이션에 나오는 다정한 엄마나, 피아노를 가르쳐준 온화한 선생님을 상상하고 '그 사람이 엄마라면……' 하고 생각해보게 한다. 자료에는 아이가 더 잘 상상할 수 있도록 '상상 속의 좋은 엄마'라고 쓰인 티셔츠를 입은 사람을 상상해보게끔 하라는 지침이 쓰여 있다.

생각을 거듭하다 보면 마음속에 내재화된 현실의 엄마 모습을 더 좋은 엄마의 모습으로 덮거나, 특정한 사람의 모습을 엄마의 모습이라고 생각할 수도 있다. 이 요법은 현실의 부모를 거부하지 않고, 상처받은 마음을 위로해준다.

이 방법은 모녀 스트레스를 겪는 성인 여성들에게도 효과가 있다. 너무 강한 성격의 엄마가 스트레스인 사람은 다른 엄마의 모습을 상상하는 것이 내키지 않을지도 모른다.

딸은 엄마의 감정 쓰레기통이 아니다

하지만 가끔은 그렇게 해도 된다.

'좋아하는 소설이나 애니메이션, 드라마에 나오는 멋진 엄마가 우리 엄마라면 어떤 대화를 나눌까?', '이상적인 엄마는 내가 결혼이나 진로를 결정할 때 어떤 이야기를 해줄까?'라는 상상을 하면 상상과는 정반대인 현실이 떠올라 오히려 비참해질 것 같다. 하지만 우리의 뇌는 그런 상상을 진짜 기억으로 인지해, 어느 정도 마음이 치유되는 효과가 있다고 한다.

물론 상상한 내용을 굳이 엄마나 주위 사람들에게 말할 필요는 없다. 더 좋은 엄마를 상상하며 진정 좋아하는 일을 자유롭게 하거나, 칭찬받고 존중받는 기분을 맛보는 것만으로도 마음속의 무언가가 바뀐다. 그리고 그 변화는 현실의 엄마를 대하는 태도나 말, 표정에도 변화를 가져온다.

사람과 사람의 관계는 유기적이어서 어떤 경우에도 한쪽에만 문제가 있지는 않다. 엄마의 문제가 더 큰 경우라도 딸의 말과 행동에도 문제가 있고, 그것이 결과적으로 엄마의 문제를 더욱 악화시키는 악순환으로 이어질 가능성이 높다.

앞에서 말했듯, 엄연한 타인인 엄마를 딸이 마음대로 바꿀 수는 없다. 엄마를 변화시키려면 우선 딸이 바뀌어야 한다. 자신의 뇌와 마음을 지배하는 내재화된 엄마를 상상의 힘으로 바꾸어보라. 실제로 자아상태 요법을 통해 많은 딸들이 "엄마를 바꿀 수 없다면 내 안에 있는 엄마를 바꾸면 되는 거였어요. 그렇게 해도 괜찮더라고요"라고 안도하며 좋은 방향으로 나아갔다.

'크고 작은 갈등은 있지만, 그래도 현실의 엄마가 최고'라는 생각이 들어 상상하기를 그만둔다면 다행이다. 하지만 엄마를 상상하는 도중에 '어떻게 다른 사람이 우리 엄마라고 생각할 수 있어?'라는 브레이크가 작동할 수도 있다. 그럴 때는 브레이크를 풀고 다양한 모습의 엄마를 상상하는 방법을 모녀 스트레스로 고민하는 딸들에게 꼭 권하고 싶다.

내 삶의 주인이 되는 '자아존중감' 키우기

"내 인생이 나의 것이 아니라는 생각이 드는 이유는 엄마의 그림자에서 벗어나지 못했기 때문이다."

6장에 나온 문장입니다.

이처럼 어른이 되어서도 엄마의 통제 아래 있는 딸들은 평소 자신감이 없거나, 스스로 결정을 내리는 데 어려움을 겪습니다. 낮아진 '자아존중감Self-esteem' 때문입니다.

자아존중감이란, 자신이 가치 있는 사람이며 어떤 성과를 이루어낼 만한 사람이라고 믿는 마음을 의미합니다. 줄여서 '자존감'이라고도 부르지요.

엄마의 말과 지시에만 따르다 보면 정작 자신이 어떤 생각을 하고, 무엇을 원하는지 잊게 됩니다. 엄마의 착한 딸이 아닌, 나로서의 인생을 시작하고 싶다면 누구보다도 나 자신에게 관심을 가져보세요.

흔히 자기소개서는 다른 사람에게 나를 보이기 위한 목적으로 쓰지요. 누구에게 나를 소개하는 것이 아닌, 오직 나만을 위한 자기소개서를 만들어보면 어떨까요? 태어났을 때부터 현재까지 삶에서 일어났던 일을 자서전 쓰듯 써 내려가도 좋고, 성격의 장단점, 좋아하고 싫어하는 것 등을 문답 형식으로 적어나가도 좋습니다.

당신이 어떤 사람인지 어느 정도 이해했다면 '내가 원하는 것'의 목록을 만들어보세요. 거창한 꿈이나 진로에 관한 것이 아니라도 좋습니다. 요가 배우기, 따뜻한 차 마시기처럼 일상에서 하고 싶은 일들을 하나씩 떠올리고, 실천해보세요.

원하던 것을 차례로 성취하는 경험을 쌓다 보면, 엄마 대신 내가 주인이 되어 앞으로의 삶을 이끌어나갈 수 있게 될 거예요.

딸은 엄마의 감정 쓰레기통이 아니다

To do list
....

"나는 [   ]다"라는 문장의 빈칸에 들어갈 말을 자유롭게 써보세요. '부지런하다', '인정이 많다' 등 성격의 특징이든, '키가 크다', '머리가 짧다' 등 외모의 특성이든 어느 것이라도 좋습니다.

엄마가 반대해서,
혹은 엄마의 눈치를 보느라 하지 못했던 것들을 써보세요.

상처를 안고 어른이 된 딸에게

"엄마, 감사합니다."

"우리 엄마 최고!"

이렇게 말하는 다정한 딸에게 따뜻한 눈길을 건네는 세상에서, 엄마에 대한 복잡 미묘한 감정을 안고 살아가는 딸들이 있다. 그녀들은 엄마에게 심한 학대를 받은 것도, 사랑받지 못한 것도 아니다. 오히려 엄마가 애정을 쏟아 키웠고, 지금까지도 엄마에게 눈에 넣어도 안 아플 만큼 소중한 딸일 수도 있다.

그런데 엄마가 제일 좋다, 엄마가 베풀어준 사랑을 평생 소중히 간직하겠다는 말이 어쩐지 진심으로 우러나오지 않는다. 시간이 흘러, 나이 든 엄마를 간병하면서 뒤늦게

'나는 엄마를 미워하기도 했구나' 하고 미묘한 감정의 정체를 깨달은 딸들도 많다.

정신과 의사인 나는 진료실에서 어깨 위에 무거운 돌이 얹혀 있는 것 같다, 머리에 늘 하얀 띠가 감겨 있는 것 같다고 엄마에 대한 위화감을 속삭이듯 말하는 딸들을 수없이 많이 만났다.

그때마다 '엄마는 다 자식 잘 되라고 그랬을 텐데, 딸이 이렇게까지 말하는 건 너무하지 않나?' 하고 생각하다가도, 엄마에게서 멀리 떨어져 있고 싶었던 나의 경험을 떠올려보면 딸들의 마음이 십분 이해되곤 했다.

엄마 이야기를 할 때, 딸들은 냉정하지 못하다. 대부분의 엄마는 딸이 자신에게 미움, 분노와 같은 감정을 느낀다거나 자신의 말과 행동이 딸의 반감을 불러일으킨다는 상상조차 하지 못한다. 엄마는 아무렇지 않게 "딸에 관해서라면 뭐든지 알죠!", "딸은 굳이 말하지 않아도 내 기분을 다 이해할걸요?"라고 말한다.

진료실에서 엄마에게 상처를 받았다고 고백한 여성조차 "딸에게는 그런 엄마가 되지 않으려고 부단히 노력했어요.

그래서 딸과 나는 아무 문제가 없어요"라고 자신 있게 말한다. 자신이 엄마에게 느꼈던 감정을 이번에는 딸이 자신에게 느낄지도 모른다고는 짐작조차 하지 못한 채로 말이다. 어떤 의미에서는 이런 태도가 그녀 또한 엄마가 되었음을 보여주는 것 아닐까?

사랑으로 길러준 엄마에게 위화감을 느끼는 딸들은 자책하거나 자신의 감정을 엄마에게 들킬까 봐 두려워하고, 분노와 같은 새로운 감정에 휩싸인다. 이 책에서는 그런 2차적인 감정에 휘말리지 않기 위한 방법을 제안했다. 하지만 그보다 중요한 것은 엄마가 스트레스의 원인이 될 수도 있으며, 엄마 스스로는 그 사실을 자각하지 못할 수도 있다는 사실을 받아들이는 것이다.

성인이 된 딸들이 자신의 인생에 막대한 영향을 미친 엄마에게서 빠져나와, 성숙한 어른으로서 세상에 홀로 서기를 바라는 마음으로 이 책을 썼다. 여기에서 말하는 '홀로 서기'란, 엄마와의 관계 단절을 의미하는 것은 아니다. 엄마의 지배로부터 자신을 지키기 위해 적당한 거리를 확보하는 것이다.

딸은 엄마의 감정 쓰레기통이 아니다

사실 많은 딸들의 마음속에는 엄마를 미워하는 감정과, 엄마와 잘 지내고 싶은 감정이 공존한다. 이것은 지극히 당연한 감정이다. 엄마가 어떤 사람이든, 자신을 낳고 길러준 엄마는 딸에게 중요한 존재이기 때문이다.

이 책을 읽은 딸들이 엄마와의 관계에 너무 얽매이지 않고, 당당하게 자신의 길을 걸어나가길 바란다. 때때로 엄마가 실망하는 기색을 보이더라도 괴로워하기보다는 '이 정도면 충분해'라고 마음을 다잡고, 가던 길을 계속 갔으면 한다.

책에는 여러 딸들의 사례를 실었다. 엄마에 대한 위화감으로 괴로워하는 독자가 있다면, 이런 감정을 느끼는 사람이 자신만이 아니라는 사실을 알려주고 싶었다. 사례에 등장하는 딸들은 실제로 내 진료실을 찾아온 여성들뿐 아니라 지금까지 내 주변에서, 또는 진료실에서 보고 들은 수많은 이야기를 통해 재구성한 인물들이다. 독자들도 '이건 내 이야기야!' 하고 공감하는 부분이 있었을 것이다. 나 또한 이 책을 쓰면서 다른 사람의 이름을 빌려 내 마음을 고백한 것 같은 느낌이 들었다.

물론 엄마와 나 사이에 늘 갈등만 있었던 건 아니다. 즐거운 일도 그 못지 않게 많았다. 엄마가 항상 건강했으면 좋겠다. 엄마가 없는 세상은 생각하고 싶지 않다. 하지만 용기 내어 고백하자면 엄마는 내게 역시 조금, 아니 꽤 힘든 사람이다. 이런 생각을 꾹 참고 어느새 어른이 된 딸들에게 이 책을 전한다.

신초샤출판사의 편집자 아키야마 레이코는 말로 표현하기 어려운 딸들의 위화감, 엄마에게 느끼는 죄책감이라는 감정을 한 권의 책으로 정리해보자고 대담하게 제안해주고, 기획부터 집필까지 함께해주었다.

우리는 회의하러 만난 건지 수다를 떨러 만난 건지 모를 정도로 자주 이야기를 나누었다. 그래서 집필을 모두 마친 지금, 새로운 책과 함께 마음의 친구를 얻었다는 기쁨이 가득하다. 이 장을 빌려 깊은 감사를 전한다.

딸은 엄마의 감정 쓰레기통이 아니다

주석

1 친밀한 관계 경험, 브레넌, 1998

2 발달장애와 아동 학대, 제106회 일본 정신신경학회 학술 총
   회 심포지엄

3 모녀 간병에 영향을 주는 과거의 인간관계, 주간아사히,
   2013년 12월 6일자

4 엄마에 관한 글로 비난 받아, msn 산케이 뉴스, 2013년 11월
   26일자

5 치매와 우리 :『나 혼자만이 아니다』작가 히메노 가오루코
   씨, 아사히신문, 2014년 3월 28일자

6 트라우마와 해리 증상 치료, 산드라 폴슨, 2009

번역 김경은

성신여자대학교 일어일문학과 졸업 후, 현재 바른번역 소속 전문 번역가로 활동 중이다.
옮긴 책으로는 『감자공주 아리알의 꿈』, 『세 살부터 수학 잘하는 아이로 키우는 책』, 『시네마
식당』, 『이이지마 레시피』, 『고독한 엄마가 아이를 잘 키운다』, 『줄 서서 먹는 반찬 가게』, 『우주
여행 우리도 갈 수 있어!』, 『하지 않는 육아』 등이 있다.

딸은 엄마의 감정 쓰레기통이 아니다

초판 1쇄 발행 2018년 4월 23일
초판 11쇄 발행 2023년 10월 30일

지은이 가야마 리카 **옮긴이** 김경은

발행인 이재진 **단행본사업본부장** 신동해
책임편집 라일락 **디자인** 이경란 **일러스트** 최진영
마케팅 최혜진 이은미 **홍보** 반여진 허지호 정지연 송임선
국제업무 김은정 **제작** 정석훈

브랜드 걷는나무
주소 경기도 파주시 회동길 20
문의전화 031-956-7208(편집) 02-3670-1123(마케팅)
홈페이지 www.wjbooks.co.kr
인스타그램 www.instagram.com/woongjin_readers
페이스북 www.facebook.com/woongjinreaders
블로그 blog.naver.com/wj_booking

발행처 ㈜웅진씽크빅
출판신고 1980년 3월 29일 제 406-2007-000046호

한국어판 출판권 ⓒ 웅진씽크빅, 2018
ISBN 978-89-01-22323-0 03180